Beschek · Linz und Urfahr in alten Ansichten, 1897 bis 1930

Der Autor dankt den nachstehenden Firmen, Institutionen und Personen für die
Unterstützung, ohne die die Herausgabe dieser Dokumentation nicht möglich gewesen wäre.

Allgemeine Sparkasse Oberösterreich
Raiffeisenbank Linz-Traun
Kulturamt der Stadt Linz
Institut für Kulturförderung
der oberösterreichischen Landesregierung
VOEST-Alpine Stahl Linz
Bank für Oberösterreich und Salzburg
ESG-Linz
SBL Stadtbetriebe Linz

Wirtschaftsbund Oberösterreich · Fa. C. Becker · OÖ Versicherungs AG
Fa. Schachermayer Großhandelsgesellschaft · Fa. S. Spitz · Stieglbräu zum
„Klosterhof" · Fa. Landa · Fa. Hofmüller-Repro · Archiv der Stadt Linz
Fr. Mag. Irene Keplinger · Hr. Roland Schmid (Elektrotechnik Schmachtl)

© Herausgeber:	Mag. art. Helmut Beschek, bild. Künstler und Sammler alter Ansichten und Fotografien, Linz.

Alle Rechte, insbesondere das Recht auf Verbreitung, auch durch Film, fotomechanische Wiedergabe, Bild- und Tonträger jeder Art oder auszugsweiser Nachdruck vorbehalten.

2. Erweiterte Auflage (1998)

Grafische Produktion:	Atelier Hofmüller, Linz
Druck und Bindung:	Landesverlag-Druckservice, Linz.

ISBN 3-9500718-1-4

Umschlagbild: Ab 31. Juli 1897 fährt die erste elektrische Straßenbahn zwischen dem Pöstlingbergbahnhof und dem Hauptbahnhof. Ansichtskarte von 1910.

Hofmüller-Atelier für grafische Informationsverarbeitung
Repro Ges.m.b.H. & CoKG · Obere Donaustraße 4
A-4040 Linz · Tel.: 0732/73 70 90-.. · Fax: 0732/73 09 70
E-Mail: office@ahnet.at · Homepage: http://www.ahnet.at

In der Produktionsstätte (Prachtvilla aus der Gründerzeit) war um 1900 einer der wichtigsten Fotografen von Linz/Urfahr, Franz Nunwarz tätig (Fischergasse 13 oder Obere Donaustraße 4).

«Linz und Urfahr in alten Ansichten»
1897-1930

Mag. Helmut Beschek

1. Linz in „Uralter Zeit"

Der früheste urkundliche Nachweis stammt aus dem römischen Staatshandbuch „Notitia dignitatum", in dem um 410 nach Christi Geburt der Name Lentia auftaucht. Die Namensforschung ergab eine Ableitung aus dem Wortstamm „lentos" mit der Bedeutung „biegsam, gekrümmt". Lentia ist als „Ort an der Krümmung" (der Donau) erkannt, der schon 600 vor Christi Geburt bestand. Das Mündungsgebiet der Traun in die Donau bzw. das Donaubecken war schon sehr früh besiedelt. Viele Funde bestätigen dies: z.B. ein Flachbeil aus Serpentin und Tongefäße aus der ausgehenden Jungsteinzeit. Auch viele Gräber aus der Bronzezeit (mit ihren Grabbeigaben) wurden gefunden. Allein im Gebiet des ehemaligen St. Peter und Zizlau (heutiges VOEST-Alpine-Gelände) lebten vor über 3600 Jahren (um 1800-1500 vor Chr.) Menschen, die mit reichen Grabbeigaben bestattet wurden, also sicher wohlhabend waren.

Es wird hier ein wichtiger Handels- und Umschlagplatz gewesen sein. Goldbeigaben, blaue Glasperlen und bemerkenswerte Waffen fand man. An der heutigen Adresse Hahnengasse 3 (Altstadt) stand einst ein gallo-römischer Tempel, dessen Überreste man bei Grabungsarbeiten 1959/60 fand. 1954 fand man beim Umbau des Landestheaters ein aus der Zeit von Kaiser Tiberius (14 bis 37 nach Chr.) stammendes Erdkastell und große Doppelgräber. Die Martinskirche am Römerberg ist die älteste erhaltene mittelalterliche Kirche in Österreich. Bei Grabungen rund um die Martinskirche fand man gelbrote Feinkeramik aus der La-Téne-Zeit, die eine jahrtausendwährende Besiedlung anzeigen. Linz war um 906 schon Marktort und wurde nach 1200 zur mittelalterlichen Stadt ausgebaut. Um 1260 wurde unter Herzog Leopold VI. der Hauptplatz als einer der größten und schönsten mittelalterlichen Stadtplätze Europas geschaffen. Um 1400 bildeten die „Linzer Märkte" (Jahrmarkt, Ostermarkt, Bruderkirchweihmarkt) einen mitteleuropäischen Treffpunkt der Kaufleute.

Um 1477 wurde der Ausbau der Linzer Burg zum Schloß (Amts- und Ruhesitz) des Kaiser Friedrich des III. begonnen. 1490 verlieh Kaiser Friedrich Linz das Recht der freien Bürgermeisterwahl. 1509 brannte Linz bis auf sieben Häuser ab, worauf bis 1571 viel gebaut wurde (zum Beispiel auch das heutige „Landhaus"). 1672 ließ der

Linzer Bürger Christian Sint den bedeutensten Industriebau der Barockzeit errichten: die Wollzeugfabrik (leider wurde sie durch Versicherungs- bzw. Bankgebäude verdrängt und abgerissen!) - sie leitete das Industriezeitalter ein. 1771 wurden erstmals die Häuser von Linz nummeriert und 1772 der erste öffentliche Park vor dem Landhaus errichtet. 1800/1801 wurde Linz von den Franzosen („Franzosenkriege") besetzt und 1805 logierte Kaiser Napoleon in Linz. 1809 wurden in Urfahr 31 Häuser niedergebrannt und bei Ebelsberg kam es zur schweren Schlacht mit den Franzosen. 1832 rollte die erste Pferdebahn Europas auf der Strecke Linz-Budweis. Und im Jahre 1837 legte das erste bayrische Dampfschiff in Linz an, worauf 1839 der Personenverkehr auf der Donau zwischen Regensburg, Linz und Wien begann. So setzte die Zeit des Biedermeiers neue Akzente. Am 8. Juni 1850 erhielt Linz eine „Gemeindeordnung", die festgelegte Verhältnisse schuf. 1868 wurde in der „Poschacher-Bierhalle" in Urfahr der „Linzer-Arbeiter-Bildungsverein" gegründet. 1896 gründeten die Katholisch-Konservativen die „Katholische Volkspartei". 1877 wurde der „Sozialdemokratische Arbeiterverein" verboten und zwei Jahre später die Nachfolgeorganisation „Allgemeiner Arbeiterverein für Linz und Umgebung" aufgebaut. Das Gasthaus „Zum Goldenen Hirschen" (in der Hirschgasse) war 1891 Geburtsort einer sozialdemokratischen Landesorganisation. Am 15. September 1863 wurde der Grundstein für das „Allgemeine Krankenhaus" in Linz gelegt. Im Gegensatz zu den drei bestehenden Krankenhäusern „Barmherzige Brüder", „Barmherzige Schwestern" und „Elisabethinen" - in denen strenge Aufnahmekriterien nach Religionszugehörigkeit, Geschlecht, Vermögen und auch nach Krankheit herrschten - drückte schon der Name „Allgemeines Krankenhaus" die Idee aus, alle Kranken ohne konfessionelle und soziale Unterschiede aufzunehmen. Bereits um die Jahrhundertwende waren 70 % der Patienten Nicht-Linzer.

2. Die Stadtentwicklung

Diese wurde auch stark durch den 1872 erfolgten Neubau der Donaubrücke (nach Urfahr) geprägt (die alte Holzbrücke wurde am 5. Mai 1868 von einem Schiff erheblich gerammt und beschädigt). 1897 wurde der Bau einer zweiten Donaubrücke begonnen und 1900 wurde die „Neue Brücke" („Eisenbahnbrücke") eröffnet. Somit war der Anschluß an das übrige Eisenbahnnetz nach dem Bau der Mühlkreisbahn (1888) erreicht. Der Bau der Eisenbahn als neues Verkehrsmittel prägte die Gesamtentwicklung der Stadt sehr entscheidend. Die steigende Industrialisierung und das damit verbundene rasche Wachstum waren erheblich auf das neue Transportmittel zurückzuführen. So wurde zwischen 1856 und 1858 von der „K.u.K. Priv. Kaiserin Elisabeth-Bahn", kurz „Westbahn" genannt, eine Bahnlinie von Wien nach Linz gebaut, die 1860 den Anschluß an das bayrische Eisenbahnnetz in Salzburg erlangte. 1855 rollte die Dampf-Eisenbahn von Linz nach Gmunden. In der Stadt selbst wurde die Pferde-Tramway 1880 als billiges Bevölkerungstransportmittel - als Straßenbahn - eingerichtet. 1897 führte ein Konsortium der Tramway und Elektrizitätsgesellschaft (T.E.G.) die Übernahme der Straßenbahn und ihre Elektrifizierung durch. Das gleiche Konsortium nahm 1898 den Bau der steilsten Adhäsionsbahn Europas, der Pöstlingbergbahn vor. 1919 wurden Urfahr und Pöstlingberg in das Linzer Gemeindegebiet eingemeindet.

3. Das Wirtschaftliche Linz

Im Jahr 1847 fand erstmals eine „Gewerbevereinsausstellung" in Linz statt. Die heimische Textilindustrie, die Eisenindustrie, die Tonofenfabrik Schadler und auch die Lederfabrik Kaindl beteiligten sich daran. 1858 wurden diese gewerblichen und landwirtschaftlichen Leistungsschauen in Form von „Volksfesten" fortgeführt. Ab 1861 auf den Gründen des „Leherbauer" (dem heutigen Hessenplatz) und wegen der zunehmenden Verbauung des „Neustadtviertels" nach achtjähriger Unterbrechung auf dem Südbahnhofgelände weitergeführt. 1868 wurde der „Kaufmännische Verein" gegründet, der das „Kaufmännische Vereinshaus" (1896-1898) errichten ließ. Dieses prägnante Bauwerk steht auch heute noch im Bereich Landstraße-Bismarckstraße. 1851 wurde die Handelskammer eingerichtet.

An der Wende vom 18. zum 19. Jahrhundert vollzog sich in Oberösterreich der Übergang von der Schafwoll- und Leinenerzeugung auf die Baumwollverarbeitung. Für diese neue Textilindustrie und die dafür nötige Antriebskraft für Wasserräder und für die Turbinen zum Betrieb der Maschinen waren die Nebenarme des Traun-

Flusses geradezu ideal. Im heutigen Stadtteil Kleinmünchen bauten Rädler, Dierzer, Wöß und Grillmayr eine Textilindustrie auf. Dierzer baute eine fünfgeschoßige Baumwollspinnerei auf, dieser Industriebau prägte von 1846 an beinahe 140 Jahre das Ortsbild von Kleinmünchen. Dierzer war auch Bürgermeister von Linz. Der größte Textilfabrikant in Linz wurde Johann Grillmayr, der die „Actien-Gesellschaft der Kleinmünchner Baumwoll-Spinnereien und mechanischen Weberei" 1872 gründete. 1840 wurde die „Schiffswerft" gegründet und hatte in der eisen- und metallverarbeitenden Industrie in Linz die beherrschende Größe und Dominanz. Bis 1873 wurden insgesamt 252 Dampfschiffe und Schleppkähne gebaut. Auch die Lokomotive-Fabrik Krauß und die Metallmöbelfabrik Johann Bukowansky waren metallverarbeitende Großbetriebe. 1898 eröffnete Johann Laska seine „Maschinen- und Darmhandlung" in Urfahr und übersiedelte vier Jahre später zum Schlachthof in die Holzstraße. In Urfahr entstand die Hefefabrik Kirchmeir. Johann Jax begann in der zweiten Hälfte des 19. Jahrhunderts mit der Erzeugung von Fahrrädern und 1882 an der Bürgerstraße in Linz auch mit der Produktion von Nähmaschinen. 1868 wurde in Linz die Feigenkaffee-Fabrik von Adolf Tietze ein bedeutender Wirtschaftsfaktor. 1917 übernahm die Fabrik der „Ersatzkaffee"-Produzent Franck. 1850 wurde eine Tabakfabrik eingerichtet. Die Zigarren wurden in Handarbeit vor allem von Frauen hergestellt. Von 800-1000 Beschäftigten wurden jährlich zwischen 30 und 40 Millionen Stück Zigarren erzeugt. 1901/02 wurde ein vierstöckiger Neubau errichtet, in dem die maschinelle Erzeugung von Zigarren aufgenommen wurde. 1904 wurde die Zigarettenfabrikation (ab 1915 in einem eigenen Fabriksgebäude) begonnen.

Im Jahre 1892/93 kam es zur Gründung der „Linzer Actienbrauerei und Malzfabrik" der Gebrüder Hatschek. Industrielle Produktionsmethoden und die Erfindung des „Lagerbiers" ließen den Pro-Kopf-Verbrauch bis zum 1. Weltkrieg (1914-1918) ständig ansteigen. In der Lustenau entwickelte ab 1854 Josef Poschacher (aus einer kleinen) eine große bedeutende Brauerei in Linz. Er übernahm auch die Brauereien Auberg, Ebelsberg und Traun. 1905 wurde unter Beteiligung von Dr. Carl Beurle (die Familie dominiert heute die Brau AG - den größten Braukonzern Österreichs) die „Poschacher Brauerei in Linz AG" gegründet. An der Herrenstraße entstand die Feuerwehrgerätefabrik Rosenbauer, die mit dem Bau von Handkraft- und Dampfkraftspritzen und später (mit eigenem Patent) mit Benzin-Motorspritzen großen Erfolg hatte. 1917 wurden die „Ringbrotwerke" gegründet und aus der seit 1900 bestehenden kleinen Hinterhofbäckerei „1. Linzer Arbeiterbäckerei" gingen später die „Spatenbrotwerke" hervor. An der Unionstraße stand die Zündholzfabrik „Union" bzw. „SOLO". In der zweiten Hälfte des 19. Jahrhunderts entstanden als Folge der gesteigerten Bautätigkeit auch mehrere Ziegelbrennereien: Rieseneder in Urfahr, „Linzer Ziegelei" auf dem Froschberg, die „Linz-Waldegger-Ziegelwerke Franz Reisetbauer, Fabigan & Feichtinger" und andere. Der Schlosser Josef Schachermayer und Siegmund Ehrentletzberger entwickelten sich zu den größten Eisengroßhandlungen. 1901 gründete Josef Wick eine fabriksmäßige Produktion mit dem Schwerpunkt Fenster. Franz Schaffer errichtete seine Holzwerke und Müller & Haslinger stellten in fabriksmäßiger Erzeugung Möbel an der Marienstraße und an der Südtirolerstraße her.

4. Kulturelle Ereignisse

Um 1895 wurde das Landesmuseum mit seinen kulturgeschichtlichen und naturwissenschaftlichen Sammlungen, sowie seiner Bibliothek eröffnet. Der Arzt Johannes Duftschmid (1804-1866) erstellte ein vierbändiges Werk über „Die Flora von Oberösterreich". Der Dichter Franz Stelzhamer (1802-1874) hatte größte Erfolge und Popularität in Linz. Die Stadt machte ihn zur Kultfigur oberösterreichischer Heimat- und Mundartdichtung und errichtete ihm ein Denkmal im Volksgarten. Der wohl berühmteste Dichter in Oberösterreich, Adalbert Stifter (1805-1868), stammte aus dem Böhmerwald und ließ sich 1848 in Linz nieder. Der 1840 nach Linz gekommene Anton Bruckner (1824-1896) übernahm 1856 die Stelle eines Stadtpfarr- und Domorganisten in Linz, und ab 1862 war er auch Chormeister der Liedertafel „Frohsinn". Clemens Brosch, Anton Lutz, Hans Pollak und andere bildende Künstler gründeten in der Endphase der Monarchie die Künstlervereinigung „März", von der man heute nur mehr sehr wenig hört.

Allen Lesern und Bildbetrachtern, die noch interessante Bilder in ihren Familienalben, Privatarchiven oder Sammelschachteln haben und diese (leihweise) zur Verfügung stellen wollen, wäre ich im Hinblick auf eine erweiterte Auflage - für ein eventuelles Zurverfügungstellen - sehr dankbar. Zusendungen/Benachrichtigungen an: Mag. Helmut Beschek, Harruckerstraße 4, A-4040 Linz, Tel.: 0732/73 85 75

Bergbahn-Restaurant und Hotel Pöstlingberg

537 m Höhe

Das ganze Jahr geöffnet — Idealer Rundblick ins Alpenland — Vornehmes Hotel — Bekannt gute Küche — Feine Originalweine — Heimische Biere

Schönster Ausflug von Linz

Während der Sommermonate jeden Dienstag abends ab 7½ Uhr:

Militär-Konzert

: Wintersport :

Josef Kuntner
Restaurateur

CAFÉ CENTRAL Landstrasse, **CAFÉ SCHÖNBERGER** Landstrasse, gegenüber dem Vereinshaus.
ERSTKLASSIGE CAFÉ'S mit schattigen Gärten.
Rendez-vous aller Fremden.
Besitzerin Marie Schönberger.

Volksgarten-Restaurant Linz

Schönstes Garten- :: Restaurants ::

Geeignete Lokale für Hochzeiten — Unterhaltungen und Diners

Jeden Sonntag, sowie über die Sommermonate jeden Mittwoch

Militär-Konzert

Im kleinen Garten täglich von 6 Uhr morgens an Früh-Kaffee, Eis-Kaffee, Gefrorenes — Weine aus eigenen Kellereien, Poschacher Tafelbier, Pilsner Kaiserquell, Münchener Spatenbräu
Vorzügliche Küche zu jeder Tageszeit
Rendezvous der Fremden u. Einheimischen
Hochachtungsvoll Hans und Lene Mayr.

Trabrenn-Verein Linz. Entree-Karte 20 Heller. № 3

Optisches Institut

J. Eineigls Nachf.
K. Schlesinger
Linz, Spittelwiese 15.

Spezialgeschäft für photograph. Bedarf

Eigene Werkstätte!

Administration der „Tages-Post" in Linz.

Die k. k. Tuch-, Teppich- und Wollenzeug-Fabrik in Linz um 1850.
Im Vordergrund der heute zugeschüttete Donauarm.

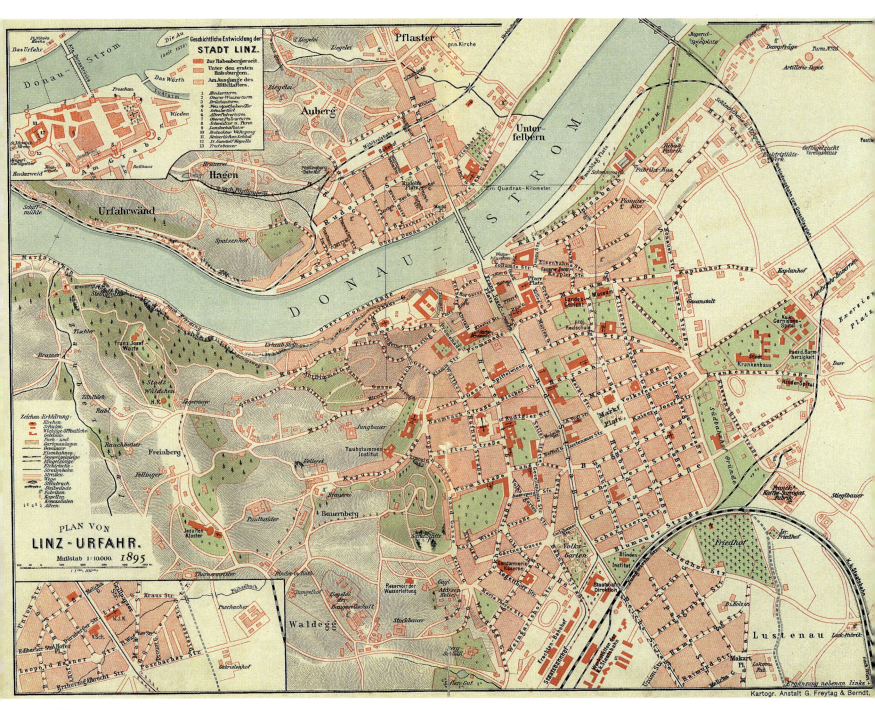

Eine seltene Bezeichnung für den Hauptplatz: „Naschmarkt". Viele Marktfahrerinnen sind mit ihren „Marktwagerl" zu sehen. Vorgespannt wurden meistens Hunde. Diese Hunde mußten in der „Vorstadt" eingestellt werden (wegen drohenden „Chaos" = bellen, raufen usw.). Bei den „Rosenauers" in Urfahr (Hauptstraße), war so ein „Hundestall".

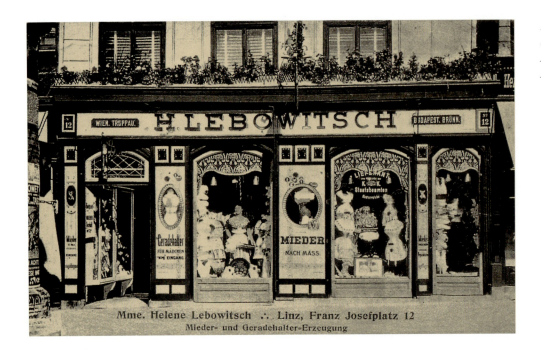

Das Geschäft der „Madame Helene Lebowitsch-Mieder und Geradehalte-Erzeugung".
Adresse: Franz Josefplatz 12 (Hauptplatz)
Ansichtskarte um 1910.

Der Hauptplatz („Franz Josefplatz") von der Brücke aus gesehen. Im Vordergrund einige k. u. k. Militärangehörige. Links vorne das Geschäft von M. Kastner/"Katzen-und Pferdedecken, Tuch, Seiden, Leinen und Baumwollwaren". Rechts vorne eine Eisenhandlung.

Die „Bank für Oberösterreich und Salzburg" am Linzer Hauptzplatz 11. Am 1. Juli 1869 wurde die Bank gegründet. Durch Umwandlung der „Wechsel- Waren- Speditions- und Commissionshandlung J. M. Scheibenbogen's Eidam" entstanden, war der Sitz der Bank am Hauptplatz Nr. 34 (heute Nr. 11). Leitender Direktor und Präsident des Verwaltungsrates wurde der frühere Eigentümer Carl Franz Planck von Planckburg. Für die Industrialisierung Oberösterreichs war diese Bank sehr wichtig.

Die „Oberbank", damals als „kommerzieller Stützpunkt der Sensenschmiede" bezeichnet und in regen Geschäftsverkehr mit den Mühlviertler Webereien und Leinwandhändlern stehend, ist heute die größte Bank mit dem Sitz ausserhalb von Wien.

Der Linzer Hauptplatz wurde bei Stadterweiterungen des 13. Jahrhunderts angelegt. Unter Herzog Leopold VI. wurde der Linzer Hauptplatz als einer der größten und schönsten mittelalterlichen Stadtplätze Europas geschaffen. Dominierend die Dreifaltigkeitssäule, die 1717-1723 nach dem Ende der Pest (1713) errichtet wurde. Seit dem Mittelalter war der Hauptplatz Heimstatt der Linzer Märkte. Seit dem Jahre 1873 wurde er auch „Franz-Josef-Platz" genannt.

Das Hotel „Stadt Frankfurt" und rechts ist das „Cafe Englbrecht" um 1900 am Hauptplatz 34 (neben dem heutigen „alten Rathaus") zu sehen. Später wurde aus dem Hotel bzw. Gasthaus „Zur Stadt Frankfurt" die Restauration „Stadt Frankfurt" und aus dem „Cafe Englbrecht" das „Cafe Seitz" („Cafe Frankfurt L.F. Seitz").

Das „Café Frankfurt" der L. u. F. Seitz am „Franz Josefplatz" (Hauptplatz).
Marktfahrer und Marktbesucher zählten zu den Stammkunden. Zeitungsleser, Karten-, Billard- und Schachspieler frequentierten das Cafe. Abends gab es oft Konzerte. Ansichtskarte von 1916.

Das Hotel „Wolfinger" am Hauptplatz. Das Gebäude hat einen spätgotischen Kern und einen schönen, bogenreichen Hinterhof. Es war ursprünglich ein Kloster. Ende des 16. Jahrhunderts wurde es nach seinem Besitzer Hugo Waiß „Waißisch Haus" genannt. 1646 tritt erstmals ein „bürgerliches Gastgeb" als Besitzer auf. 1798 übernahm Leopold Mayreder als Wirt den „Goldenen Löwen". In der Gaststube verkehrten Marktbesucher, Bauern, Boten, Bürger, Handwerker, Beamte und Durchreisende. 1894 pachtete es der langjährige Oberkellner Leopold Wolfinger und wurde drei Jahre später Besitzer des Hauses. Heute wird das Hotel von der alteingesessenen Urfahrer Gastwirtsfamilie Dangl geführt.

Das Eckhaus zur Hahnenstraße in der Altstadt („Altstadt 5") dient seit 1598 als Bäckerei. Zu sehen eine Ansichtskarte um 1900. Auch heute gibt es hier eine Bäckereifiliale.

Die Hahnengasse in der Altstadt, hier stand einstmals auch ein jüdisches Gebetshaus. An der heutigen Adresse Hahnengasse 3 stand einst ein gallo-römischer Tempel, dessen Überreste man bei Grabungsarbeiten 1959/60 fand. Ansichtskarte von 1918.

Markus Willnauer's Gasthof „zur gold. Krone" Linz a. d. D.

Die Pfarrgasse (vom Hauptplatz zum Pfarrplatz führend).
Ansichtskarte von 1907.

Der Botengasthof „Zur Goldenen Krone".
Nachweisbar seit 1670 am Hofberg 5. Seit dem Mittelalter wurden von Boten die Verbindungen von Stadt und Hinterland hergestellt.
Viele Botschaften und Güter wurden über Jahrhunderte auf Treu und Glauben, ohne Beleg und Versicherung mit dem Pferdefuhrwerk befördert.
Ansichtskarte von 1909.

Die Hofgasse um 1907.

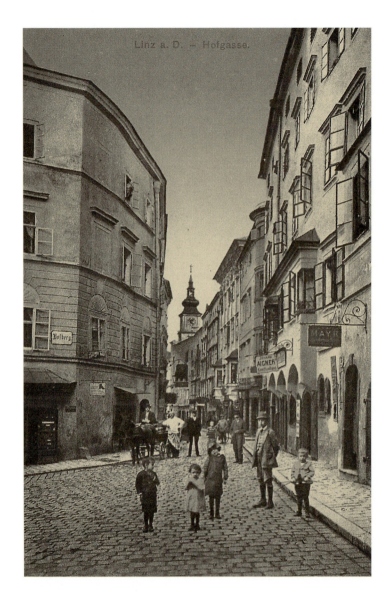

Die Altstadt (Hofberg), rechts sieht man die Friseurstube Karl Grittners. Ansichtskarte von 1907.

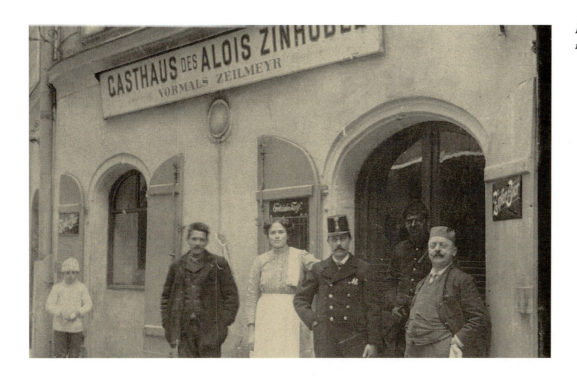

Das Gasthaus des Alois Zinnhobel in der Hofgasse um 1904.

*Der „Pfarrplatz".
Links hinten die Neuthorgasse und daneben ganz links, die Rathausgasse.*

Café Sailler, Neuthorgasse — Gruss aus Linz a. D.

„Große Gesellschaft" vor dem „Cafe Sailler", in der Neuthorgasse/Ecke Adlergasse.
„Das Kaffeehaus der späten Kaiserzeit war Treffpunkt der Gesellschaft, eine Insel der Ruhe und Entspannung, aber auch ein Ort der Geselligkeit.
Im Laufe des Tages wechselten die Besucherschichten. Zuerst erschienen die Frühstücksgäste aus den umliegenden Beherbergungsbetrieben. Auch hohe Beamte nahmen gerne ein zweites Frühstück ein. Dann kamen die Zeitungstiger. Bei einer Schale Kaffee mit einem Glas Wasser informierten sie sich in der Stille des Kaffeehauses über die lokalen Ereignisse und das Weltgeschehen. Langsam füllten sich auch die Schach- und Kartentische, das „Klack" der Billardkugeln wurde hörbar. Die ersten Tischgesellschaften nahmen Platz.
Die Angehörigen der verschiedenen Gesellschafts- und Berufsschichten, Offiziere, Schriftsteller, Journalisten, Beamte und Kaufleute trafen sich in „ihrem" Café."
(Aus: G. Kaar - R. Pötzelsberger, „500 Jahre gastronomisches Linz")

*Die Prunnerstraße 1899 stark überschwemmt.
Durch anhaltendes Regenwetter im September 1899 wurde eine Hochwasserkatastrophe großen Ausmaßes ausgelöst.
Das Hochwasser stand bis weit in den Pfarrplatz.*

Der überschwemmte Pfarrplatz. Links das Hauptzollamt („Meßnerhaus") und rechts die Restauration „Frohsinn".

Der überschwemmte Pfarrplatz 1899:
Im Bild das Gasthaus „Frohsinn".

Das „Café Fischer" obere Donaulände 9 war beliebter Treffpunkt von Künstlern aus dem Theater, von Hessenoffizieren aus der nahen Schloßkaserne und von Mitgliedern der israelischen Kultusgemeinde.
Ansichtskarte von 1914.

Auf dieser Karte von 1917 ist links das Hotel „Zum Roten Krebs" an der oberen Donaulände zu sehen. Einen ersten Gasthof gab es schon im 17. Jahrhundert. Die beginnende Dampfschifffahrt 1837 auf der Donau und die Anlegestelle vor dem Gasthof brachten die Entwicklung zum Hotelbetrieb.

Hochwasser 1899: Im Bild die obere Donaulände vor dem Hotel „Roter Krebs". Hinter dem Boot zu sehen das „Café Fischer" und der Hofberg.

Johann Ofner, Seefisch-Händler, Linz.
Fischmarkt, bei der Stadtbrücke.

Johann Ofner.
Seefisch Verkauf.

Seefisch Verkauf.

Am Seefischmarkt in Linz
HAI-FISCH
2 Meter Länge
von 7 Uhr früh bis 5 Uhr abends
Gewicht 70 kg ausgeweidet

Der „Seefisch-Händler" Johann Ofner zeigte auch einen 2 m langen Haifisch und verlangte „Besichtigungsgebühr" dafür:

Hochwasser 1899: „Lausbuben" und im Hintergrund das „DDSG-Gebäude" (Schiffsanlegestelle).

Das Gasthaus „Zur blauen Donau" des Gottfried Ozlberger's an der unteren Donaulände (früher „Elisabethkai") Nr. 32. Ansichtskarte von 1913.

In der Zollamtstraße 18 gab es um 1905 das Speiselokal („Ausspeiserei") von Hans Limberger.

Die "Krumauer Bierhalle" des A. Knollmeier an der unteren Donaulände („Bierdepot und Restauration") schenkte das Bier der „Fürst Schwarzberg'schen Brauerei Krumau" aus.
Ansichtskarte von 1904.

Die Linzer „Wollzeugfabrik" - eines der bedeutendsten Baudenkmäler aus der Frühzeit der österreichischen Industrie. Der stattliche Barockbau wurde 1672 vom Linzer Bürger Christian Sint gebaut und beherbergte in seiner besten Zeit bis zu 1000 Arbeiter. Im 19. Jahrhundert als Kaserne und Tabakfabrik verwendet, wurde er 1969 leider zerstört und abgerissen.
Ansichtskarte von 1913.

Die städtische Schwimmschule wurde 1901 auf dem Gelände des heutigen Parkbades errichtet. Vor 1901 gab es hier den Fabriksarm der Donau mit der „Strasserinsel".

Die „Schwimmschule" von innen, auf einer Ansichtskarte von 1902.

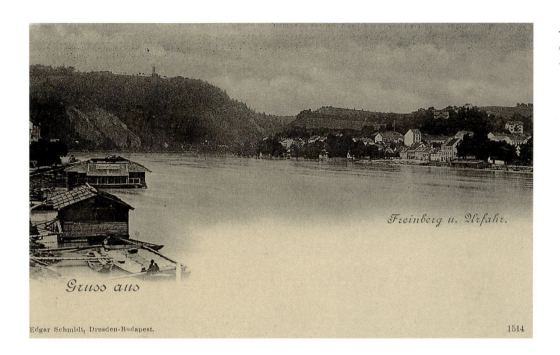

Auf dieser Ansichtskarte ist links hinten das „Städtische Strombad" auf der Donau zu sehen. Es stand an der oberen Donaulände.

Das „Städtische Strombad Linz" an der oberen Donaulände um 1899.

Ecke Südtirolerstraße-Scharitzerstraße war die „Linzer Molkerei" beheimatet. Aufnahme um 1919.

Das Gasthaus „Zum goldenen Lamm" am Hofberg 3 samt der Gierlinger-Wirtsleute. Ansichtkarte um 1900.

Die Klosterstraße um 1917. Statt der „Schuhoberteil-Erzeugung" von Witer's Witwe ist jetzt der Textilienhändler Johann Lachner eingezogen.

Der „Taubenmarkt", Anfang der Landstraße und früher wie heute ein beliebter Platz in Linz. Ebenso war und ist er eine wichtige Haltestelle der Straßenbahn. Ansichtskarte von 1907.

Der Taubenmarkt um 1900. Er ist benannt nach den bis 1880 abgehaltenen Geflügelmarkt. Links das Geschäftshaus des „Georg Puchmayr's -Koch- und Nutzgeschirre".

Der Schlosser Schachermayr spezialisierte sich aus kleinen Anfängen heraus auf eine Kunst- und Bauschlosserei (eiserne Fenster, Türen und Tore, Baubeschläge). Werkstätte und Geschäft „Zum eisernen Gitter" befanden sich an der Landstraße 13. Ansichtkarte von 1898.

Die Promenade um 1913 vom Marktleben beherrscht.

Eines der wichtigsten Geldinstitute von Oberösterreich: „Die Allgemeine Sparkasse". 1849 vor allem aus sozial-politischen Beweggründen geschaffen, zur Unterstützung der ärmeren Bevölkerungsschichten. 1886 bis 1892 entstand dieser prächtige Bau an der Promenade.

Das Restaurant „Zur goldenen Glocke" an der Promenade auf einer Ansichtskarte von 1905.

Kaiserin Zita, Fürstin Sophie von Hohenberg und Erzherzog Franz Ferdinand zu Besuch in Linz. Festempfang vor dem Landhaus an der Promenade. Vermutlich um 1908.

An der Promenade fand ein kleiner Markt statt. Bäuerinnen boten auch Gemüse, Obst, Geflügel und anderes an. Ansichtskarte von 1916.

Am Sonntagvormittag wurden vor dem Landhaus an der Promenade Platzkonzerte gespielt. Viele Linzer kamen und lauschten nicht nur der Musik, sondern tauschten auch die letzten Neuigkeiten aus.

Die Promenade und der Anfang der Herrenstraße. Links vorne das Geschäft des „Weisswaren- und Wollwarenhändlers" Friedrich Steininger. Ansichtskarte von 1909.

Die Not war in den Jahren 1918 und 1919 sehr groß, so kam es immer wieder zu Plünderungen und Ausschreitungen in Linz. Plünderung bei der Dampfmehlniederlage Franz Hamedinger an der Promenade um 1919.

Ecke Promenade-Herrenstraße war das markante Geschäft des Friedrich Steininger („Herren und Damen-Wäsche, Wollwaren -Weisswaren"). Aufnahme um 1900.

1884 wurde die erste „Sanitätsabtheilung" durch den Korpsarzt Dr. Emil Meeraus gegründet. Ab 1900 war sie auch in der Feuerwehrzentrale untergebracht. Die Rettungsabteilung, die seit 1893 von Dr. Clemens Zechenter geführt wurde, erhielt unter der Kommandantur Conrad Rosenbauer's ein Ambulanzzimmer und bis 1905 drei Rettungswagen.

1884 wurde die erste „Sanitätsabteilung" durch den Korpsarzt Dr. Emil Meeraus gegründet.

Im Hotel „Zum Goldenen Schiff" wurde 1897 ein „Cinomatograph" aufgestellt und die ersten „laufenden Bilder" flimmerten über die 2x3m große Leinwand. Später entstand hier das Central-Kino. Nach dem 1. Weltkrieg kaufte die „Sozialdemokratische Partei" das „Hotel Schiff" und richtete hier ihre Parteizentrale ein.

Johann Landa übersiedelte 1878 mit seinem „Posamentirladen" in das alte Glockengießerhaus-Landstrasse 40, damals an der Linzer Stadtgrenze gelegen. 1909 übergab Landa die Firma an Johann Estermann, von dessen Familie das Geschäft bis heute weitergeführt wird. Die Anfänge der Mozartkreuzung sind auf der linken Abbildung gut zu sehen. Auf dem unteren Bild ist die Landstraße und ganz links die Firma Landa zu sehen.

Die Landstraße, seit dem 15. Jahrhundert Hauptverkehrsachse der Stadt. Die Palais bzw. „Freihäuser" des Adels und der oberösterreichischen Stifte, sowie die vielen Geschäfte machen sie bis heute zur wichtigsten Straße der Stadt. Ansichtskarte um 1925.

Wahre Artisten waren die Radsportler mit ihren „Sicherheitszweirädern". Bestehend aus einem 130 bis 160cm großen Vorderrad und einem kleinen Hinterrad.

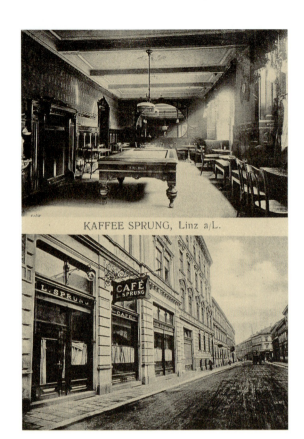

Das „Café Sprung" an der Landstraße auf einer Abbildung von 1908.

1929 wurde der „Klosterhof" von der Stiegl-Brauerei (Salzburg) gepachtet und zu „Schankstätten im Klosterstil" (mit großen Speiseräumen) umgebaut. 1930 schuf man dann den prächtigen Gastgarten mit 1500 Sitzplätzen. Abt Kasper Kirchleitner (1615 - 1632) kaufte dieses Haus für das Kloster Baumgartenberg, in dessen Besitz es bis 1784 blieb. Das Haus gehört seit dem Jahre 1784 dem Stift Kremsmünster, daß hier lange Zeit, die „öffentliche Studien Bibliothek" untergebracht hatte. Seit 1995 wird das Stieglbräu zum „Klosterhof" vom Gastronomieehepaar Edith und Johann Dobersberger geführt.

Das Geschäft des Josef Sterrer an der Landstraße, gegenüber dem „Kaufmännischen Vereinshaus", Ecke Hafferlstraße-Landstraße. Ansichtskarte um 1912.

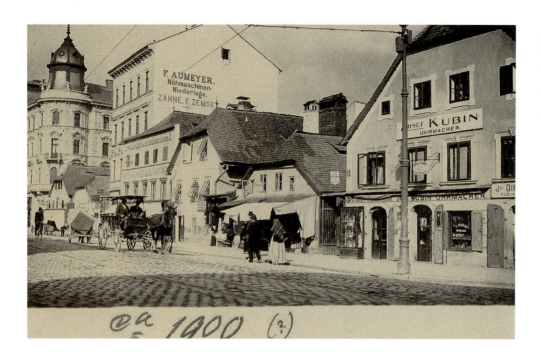

Die Landstraße; im Hintergrund das „Kaufmännische Vereinshaus". Vorne der Uhrmacher Josef Kubin, der „Wagenfabrikant" Zellinger, das „Weiss- und Wirkwarengeschäft" des J. Wagner und die „Tandlerin" Rosenblatt - „Neue Kleider und Schuhwaren", an der Landstraße um 1898.

Die einstigen Pferde-Kehrrichtwagen der städtischen Müllabfuhr wurden schon Mitte der 20-er Jahre von einem elektobetriebenen Zugwagen transportiert.

Die Landstraße beim „Kaufmännischen Vereinshaus".
Rechts der Restauranteingang und links die
„Spezerei" von Josef Sterrer.

1909 erwarb der Cafetier Schönberger das „Cafe
Baumgartinger" an der Landstraße 58. Später hieß es
„Cafe Schönberger" und war bis zu seiner Schließung
1959 eines der beliebtesten Kaffeehäuser von Linz.
Auch viele Ball- und Konzertbesucher des
„Vereinshauses" frequentierten das Cafe.

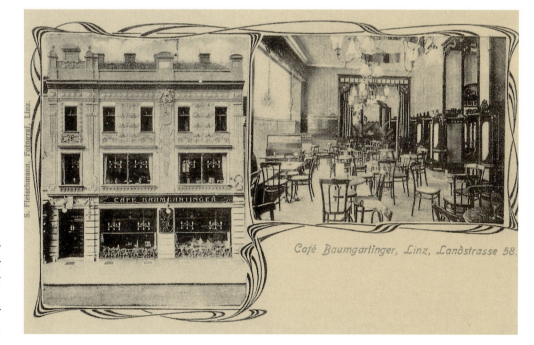

Die Landstraße um 1917. Rechts sieht man das „Café Corso" (kurz vor der Goethekreuzung).

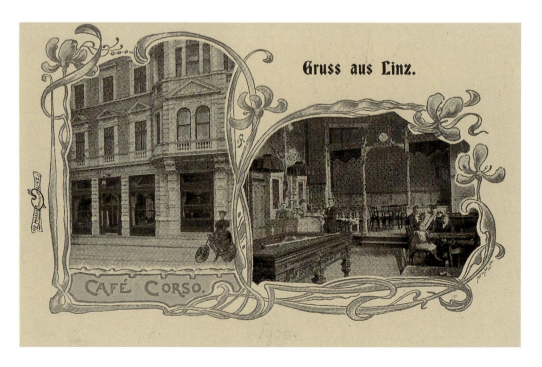

Das „Cafe Corso" wurde 1909, Ecke Landstraße-Goethestraße eröffnet. Später wurde es zum „Cafe Goethe" und zur „Tik-Bar" (Tanz im Kerzenlicht).

Die Walterstraße um etwa 1907.

In der Steingasse gab es die „Ausspeiserei Hans Kaiser". Die Foto-Ansichtskarte von etwa 1912 zeigt die Wirtsleute mit Köchinnen, Serviererinnen und Gästen.

Am 15. Juli 1866 fand die konstituierende Versammlung der Freiwilligen Feuerwehr Linz statt. Besonders verdienstvolle Mitglieder waren Johann Rosenbauer, Hans Frank und Josef Hafferl. Von 1874-1886 war Johann Rosenbauer Kommandant der Freiwilligen Feuerwehr und die Feuerwehr Urfahr wurde als selbständiger Löschzug gegründet.

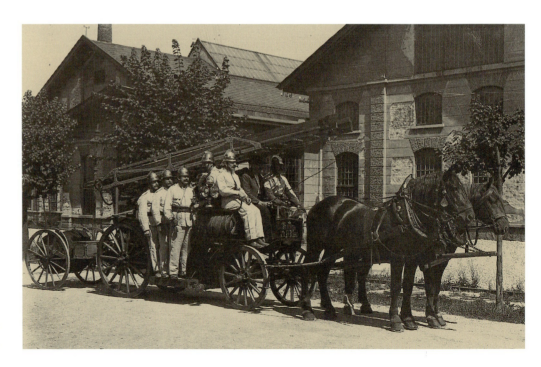

Dieser Rosenbauer-Löschzug (Benzinmotorspritze), wurde 1909 an die k.u.k. Staatsbahndirektion Linz geliefert.

Der Brand des „Varieté Theater Roithner", Ecke Waltherstraße-Steingasse - auf einer fotografischen Ansichtskarte vom 19. Mai 1901. 1908 eröffnete hier Karl F. Lifka das „Lifka-Kino".

Zwei der ersten Rosenbauer-Löschfahrzeuge vor dem Firmenareal an der Raimundstraße (heutiges BFI-Areal) um 1921.
Im unteren Bild zu sehen, der Briefkopf der Firma „Konrad Rosenbauer" vom 29. Juli 1907.

Die Herrenstraße, rechts vorne die Buchbinderei Becker (heute noch bestehend als Papier- und Bürowarenfachgeschäft). Links nach dem Geschäft von Simon Schiff der Friseurladen von A. Brassler - Herrenstraße 17. Ansichtskarte von 1913.

*Das Friseur-Geschäft A. Brassler von innen gesehen.
Ansichtskarte von 1901.*

*Die Auslage des Friseurs Brassler.
Ansichtskarte von 1901.*

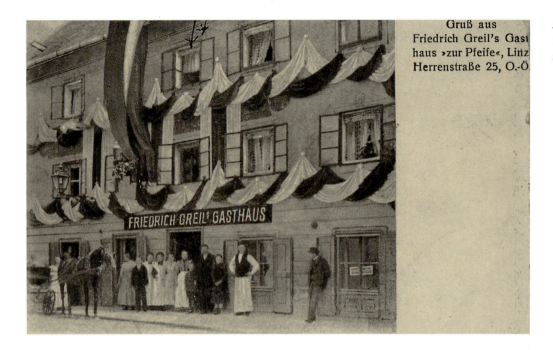

Das Gasthaus „Zur Pfeife" in der Herrenstraße um 1912. Früher gab es hier tatsächlich einen Pfeifenraucher-Klub.

Im Gasthaus „Zum Goldenen Hirschen" war das erste „Parteilokal" der Sozialdemokraten. Dort begann der Schneider Anton Weiguny, später Gemeinderat und Reichstagsabgeordneter, mit Funktionären des Arbeiterbildungsvereines die „Sozialdemokratische Partei" in Linz aufzubauen.

Das Gasthaus „Zum grünen Thor" (im Volksmund „grünes Türl"), an der Hirschgasse um 1898.

Die Wäscherinnen mit ihren meist auf einen Schubkarren gepackten Wäschekörben gehörten zum Erscheinungsbild der Stadt. Das weiche Wasser der Mühlviertler Bäche wurde von zahlreichen Wäscherinnen, zum Beispiel in Urfahr, genützt.

*Die Römerstraße in der Nähe der „Martinskirche"
um 1900.*

Die Lieferanten der „Niklas-Brauerei" um 1914.

Die „Restauration Zum Neuen Dom",
Ecke Herrenstraße-Baumbachstraße" um 1900.

In einem Hirtenbrief vom 13. April 1855 gab der Linzer Bischof Franz Joseph Rudigier seinen Plan bekannt, zu Ehren des am 8. Dezember 1854 verkündeten Dogmas von der Unbefleckten Empfängnis Mariens, eine neue Domkirche zu erbauen.

Der Dom, dessen Grundsteinlegung am 1. Mai 1862 erfolgte, entstand im Stil der französichen Hochgotik nach den Plänen des Kölner Baumeisters Vinzenz Statz. Bis zum Jahr 1885 war der Chor des Maria-Empfängnis-Domes bis zum Querschiff vollendet. Mit dem Bau des Turmes wurde am 26. Juni 1886 begonnen.

Von den Kathedralbauten der Hochgotik ist bekannt, daß die Türme vielfach nie oder erst, wie etwa beim Kölner Dom, im 19. Jahrhundert vollendet wurden. Bevor man mit dem Bau des Langhauses begann, stellte man daher im Jahre 1901 den Turm fertig. Das Langhaus samt Querschiff wurde 1902 begonnen. Die Weihe des Domes erfolgte am 29. April 1924.

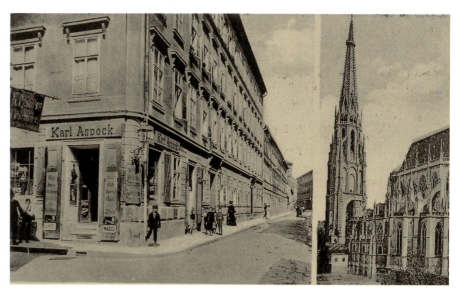

Der Gemischtwarenhändler Karl Aspöck hatte seinen „Spezerei-Laden" in der Hafnerstraße (Domviertel). Ansichtskarte von 1914.

Mit dem 1894 gegründeten „Ersten Oberösterreichischen Athletenclub Goliath" wurde in Linz dem Kampfsport gehuldigt.

Das Gasthausleben in der Restauration „Schwan" 1905, Baumbachstraße 18, zeigt diese Ansichtskarte. Auch heute gibt es hier ein Restaurant, das „Kaminloch".

Das „Volkskino" in der Langgasse 13. Samstag Sonntag gab es hier auch „Jugendvorstellungen", so z.B. den Märchenfilm „Zwerg Nase". Ansichtskarte um 1924.

Die Eisenbahner-Musikkapelle der k.u.k. Staatsbahn auf einer Ansichtskarte von 1903.

Der „Marktplatz" (heute Hessenplatz) mit dem „Kolosseum".
Ansichskarte vom 1913.

Das „Kolosseum", ein modernes Varietétheater, bei den Linzern sehr beliebt. Als „Volksfesthalle" wurde es auf dem Hessenplatz 1865 gebaut und vor dem 1. Weltkrieg umgewandelt. Heute steht hier die Handelskammer.

Der „Marktplatz" (Hessenplatz) mit der Humboldtstraße und dem Gasthaus „Zum schwarzen Anker".

Die Humboldtstraße um 1918 mit dem „Cafe Neustadt", auf der Ansichtskarte links vorne.

Ecke Humboldtstraße-Bürgerstraße war das Geschäft des Kolonialwarenhändlers August Willingstorfer und links in der Humboldtstraße war der Spengler Porsch, mit seinen Töpfen vor dem Geschäft. Ansichtskarte von 1913.

Die Starhembergstraße mit dem Kolonialwarenhändler Josef Hutter am Eck. Ansichtskarte von 1912.

*Die Lustenauerstraße um etwa 1900.
Links vorne der Spengler L. Koller.*

Die Schillerstraße um 1908.

Die Bürgerstraße um etwa 1910.

Der Cafétier Hans Baumgartinger besaß das „Bürger-Café" in der Bürgerstraße 1-3. Ansichtskarte von 1920.

Max Scharrer, sein Personal und der Auslieferungswagen der „Fa. Max Scharrer Emailwaren Großhandlung", Bürgerstraße 49. Fotografische Ansichtskarte um 1927.

1909 wurde in Linz ein „Verein für Luftfahrt" gegründet, dem prominente Linzer angehörten. Die 100-ste Ballonfahrt wurde von dem flugbegeisterten Erzherzog Ferdinand mit seinem Ballon „Hohensalzburg" eingeleitet. Die Aufstiege erfolgten meist beim Gaswerk (Areal Gruberstraße-Kaplanhofstraße).

Der Kolonialwarenhändler Schönhofer in der Fadingerstraße 11.

Er hatte ein, wie es auf seinen Reklametafeln hieß, „Lager von besten ungarischen Mehlen, Reis und Grieß. Alle Sorten Hülsenfrüchte, Südfrüchte und Farbwaren. Zucker, Kaffee vorzüglicher Qualität, Bensdorp-Kakao, Tee, Rum, Cognac und Mineralwasser".
Weiters führte er „Schicht-Seife, Kunerol-Öle, Ceres-Speisefett" und „Maggi-Suppenwürze", „Odol - das Beste für die Zähne", Bernstein-Lackfarben (haltbarer Anstrich für Fußböden) und „Liebig's Fleisch-Extract"

Die Landbevölkerung wurde damals relativ stark von Hausierern versorgt, die von Ort zu Ort wanderten und ihre Geschäfte zwischen Tür und Angel erledigten. Der menschliche Kontakt stand dabei im Vordergrund, auch wenn das Geschäft nicht immer „in Ordnung" war.

Ansichtskarte von 1907.

Die Goethestraße auf einer Ansichtskarte von 1918.

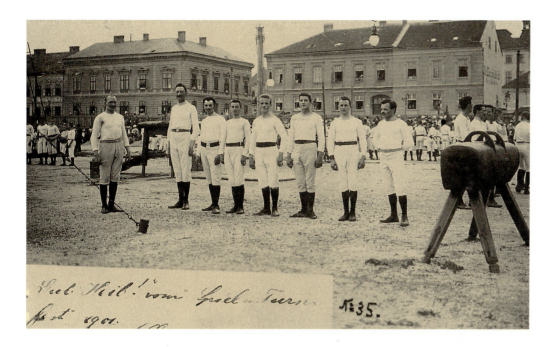

Das Turnfest auf dem Südbahnhofgelände um 1902.

*Dagruber's Gasthaus „Zum Zeppelin",
an der Franckstraße 41.
Ansichtskarte von 1914.*

Noch heute gibt es das Gasthaus „Zur Eisernen Hand". Es wurde von 1892 bis 1945 von Johann Steiner geführt. Seine Söhne ließen später auch ein Kino einbauen. Karte um 1903.

Die Kepplerstraße, heutige Lederergasse um 1917. Kleine Geschäfte und Läden säumten die Straße: Eine Milchhandlung, eine Damenschneiderei, eine Papier- und Schreibwarenhandlung, eine Fleischhauerei und andere.

Holzkraftners Weinhalle.
Volksfest, Landes- u. Gewerbe-Ausstellung in Linz (6. bis 20. September 1903).

Ab 1859. Fortführung der Ausstellungstradition in Linz (mit gewerblichen und landwirtschaftlichen Leistungsschauen verbunden), in Form von Volksfesten. Ab 1861 auf den „Leherbauer-Gründen" (heute Hessenplatz) als Volksfestplatz. Die zunehmende Verbauung des „Neustadtviertels" führte nach achtjähriger Unterbrechung 1903 auf das Gelände des „Südbahnhofes". 1913 wurden die Linzer Volksfeste hier zum letzten Mal abgehalten.
Ansichtskarte von 1903.

In der „Sect Höhle" auf dem Volksfestgelände um 1904 oder 1907 wurden Sekt, Eisschokolade und Champagner sowie Eiskaffee serviert. Ein Glas Champagner kostete 30 Kreuzer. Nebenan wurde „Budweiser" Bier aus Böhmen ausgeschenkt.

Der Gasthof „Zur Westbahn" Ecke Feldstraße-Langgasse. Die „Feldstraße" heißt heute Rainerstraße.
Später gab es hier die „St. Hubertus-Weinstube". Heute steht hier die „Schillerpark-Geschäftspassage".
Ansichtskarte von 1911.

*Der Gasthof „Zur Westbahn", Ecke Feldstraße-Langgasse.
Zu sehen ist der Gastgarten. Ansichtskarte von 1911.*

Die Linzer „Actienbrauerei" entstand durch den Kauf des alten Linzer Stadtbrauhauses durch die Brüder Hatschek 1869. Sie gründeten die Brauerei, errichteten in der Kapuzinerstraße eine neue Brauanlage, die 1875 den Betrieb aufnahm. 1881 bauten die Brüder Hatschek auch den alten „Märzenkeller" um. „Actienkeller" und „Linzer Märzenkeller" hieß dieses große Gasthaus in der Bockgasse. Ständig fanden hier die beliebten Großkonzerte statt, bei denen Militärorchester Märsche und Operetten spielten.

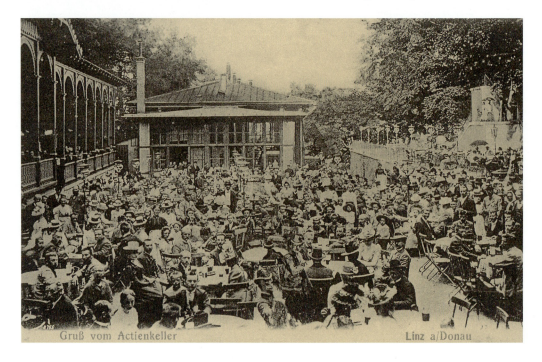

Ein Fuhrwerk der „Actien-Brauerei Linz", mit dem sie Bierfässer auslieferten. Fotographische Ansichtskarte um 1898.

Die „Poschacher-Brauerei". 1854 kaufte Josef Poschacher ein kleines Brauhaus in Lustenau und baute dieses in den folgenden Jahrzehnten zur größten oberösterreichischen Brauerei aus.

Der „Linzer Radfahr-Club" - auch „Bicycle-Club" - während eines Radfahrausfluges auf dem Hauptplatz von Aschach 1907.

Beim heutigen „Eferdinger Lokalbahnhof" befand sich das Clublokal des „Linzer Bicycle-Clubs" (Fahrrad-Club). Das im „Fachwerks-Stil" gebaute Haus hatte im Winter einen Eislaufplatz vor seinen Türen. Ansichtskarte von 1907.

Das Gebiet Volksgartenstraße-Gesellenhausstraße um 1910.

Der österreichische Militärballon „Lebaudy" landete am 18. März 1911 am Linzer Exerzierfeld. Für die Strecke von Fischamend (NÖ), wo er aufgestiegen war, bis Linz benötigte er fünf Stunden.

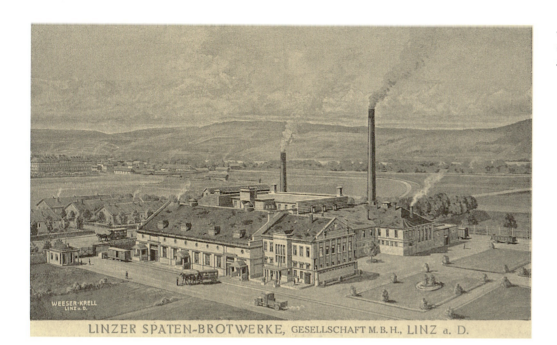

Seit 1930 bestand die als „kleine Hinterhof-Bäckerei" bezeichnete „1. Linzer Arbeiterbäckerei". Später entstanden daraus die „Linzer Spatenbrotwerke".

Diese Karte zeigt Arbeiter der „Spatenbrotwerke Linz" im Lastkraftwagen um 1928 vor einem „Post- und Telegraphenamt".

Die Karl Wieser-Straße um 1912. Links im Bild ein Tapezierer- und ein Schuhmachergeschäft. Rechts im Bild (Straßenseite) das Gasthaus „Zum Flugrad".

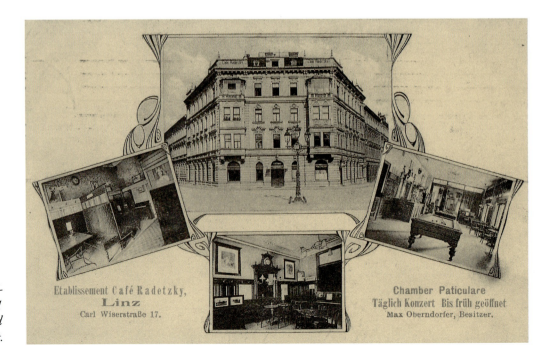

1900 wurde im Hause Karl-Wieser-Straße 17-Coulinstraße ein Kaffeehaus eingerichtet, das ab 1911 „Café Radetzky" hieß. Es wurde ein Tanz- und Nachtcafé. 1921 wurde es in „Chat noir" umbenannt.

Ecke Volksgartenstraße-Feldstraße (Rainerstraße) erbaute J. Schenkenfelder das große „Cafe Habsburg". Wegen seiner spitzen Form „Cafe Bügeleisen" genannt.

*Die Kellnerin des „Cafe Habsburg" hinter der Bar. „Der wichtigste Mann im Café war der Zahlkellner oder Marqueur, „Herr Ober" gerufen. Vorbildlich gekleidet, diskret und freundlich, leitete er den Betrieb. Er empfing persönlich die Gäste, von denen er die meisten nach Namen, Titel, Stand und Eigenarten kannte. Er hielt Stammplätze frei, brachte jedem Gaste „seine" Zeitung, behandelte „erfolgreich" schwierige Gäste und half, wenn notwendig, mit einer kleinen Summe aus."
(Aus: G. Kaar - R. Pötzelsberger, „500 Jahre gastronomisches Linz")*

Foto-Grußkarte an einen Gast (Südbahnbeamter in Dölsach/Tirol) von 1908.

Der „Posthof" wurde um 1750 vom damaligen Postmeister Josef Groß von Ehrenstein (vorher Landsitz Heinlhof) zur Unterbringung der Poststallmeisterei errichtet.
1790 übersiedelte die Post ins ehemalige Bürgerspital (Landstraße 15).
Abbildung um 1925.

Die „Linzer Schiffswerft", 1840 gegründet von Ignaz Mayer, der in England mit den „Eisernen Leichtern" (Schleppkähnen) die technischen Neuerungen im Schiffsbau kennenlernte. Bis 1873 wurden insgesamt 252 Dampfschiffe und Schleppkähne gebaut. Später kamen andere Besitzer und Firmennamen. Auch einen Behälterbau gab es in der späteren „Schiffswerft Linz AG".
Ansichtskarte von 1923.

Auf dieser Aufnahme von 1909 sieht man das Kolonialwarengeschäft des Michael Doppler in der Waldeggstraße 61. Links daneben die Sicherheitswache. Vor dem Geschäft ein Pferde- und ein Hundegespann.

Die Waldeggstraße mit dem Gasthaus „Zum Regenbogen" (Waldeggstraße 69 hohes Haus mit Spitz).

Das Gasthaus „Zur Staatsbahn" befand sich bei Haus Nr. 55 (ganz hinten rechts).

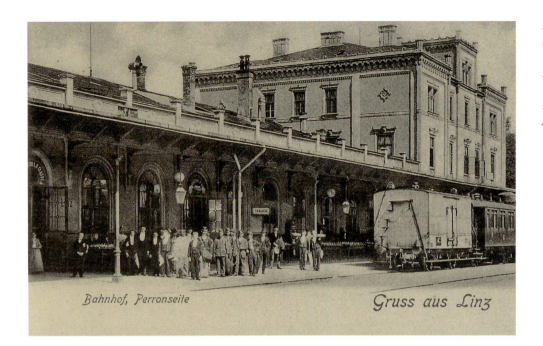

Der im Jahre 1858 errichtete Bahnhof (heutige Hauptbahnhof) lag in der damals noch selbständigen Gemeinde Waldegg.
Durch den Bau der Kaiserin-Elisabeth-Bahn (auch Westbahn genannt) fand Linz den Anschluß an das internationale Eisenbahnnetz.
Ansichtskarte von 1904.

1829 wurde die „Verzehrsteuer" eingeführt und die Stadt vom umgebenden Land durch die „Verzehrsteuerlinie" abgegrenzt. Das „Linienamt" an der Blumau erinnert an diese Zeit (Gebäude links hinter der Straßenbahn -1937 abgerissen).
Ansichtskarte von 1907.

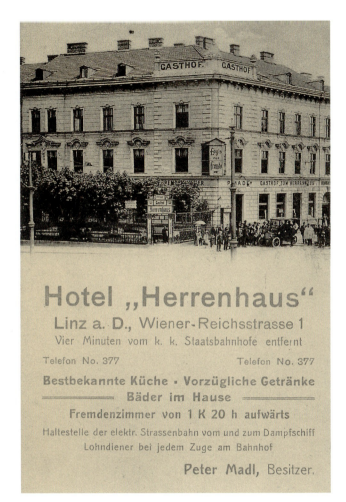

Das Hotel „Herrenhaus" des Peter Madl um 1909 beim Bahnübergang.

„In dieser Zeit", gemeint ist die zweite Hälfte des 19. Jahrhunderts, „entwickelte sich die Gastronomie in drei Richtungen. Das Bürgertum mit seinem ausgeprägten Vereinsleben schuf in den neuen Vierteln eine typische Form der Gaststätten - die Eckwirtshäuser mit Gastgarten. Die Zahl der Kaffeehäuser, die zweite Form der Gastlichkeit nahm sprunghaft zu, und nicht zuletzt förderte die verstärkte Reiselust den Bau neuer Hotels".
(Aus: G. Kaar - R. Pötzelsberger, „500 Jahre gastronomisches Linz")

Das „Erste Linzer Mosthaus und Versand" von Johann und Anna Grill, Wiener-Reichsstraße 17 um 1914.

Die Unionkreuzung war während der Monarchie noch ein relativ ruhiges „Platzerl".
Es gab nur einen eingleisigen Tramwayverkehr von der Blumau bis zur Traunbrücke in Ebelsberg. Ansichtskarte von 1905.

Die Wienerstraße mit der elektrischen Straßenbahn um 1905.

Die Gastwirtschaft „Zum Englischen Garten", war wegen ihrer Bühne und ihrem großen Gastgarten für Großveranstaltungen geeignet und auch als Ausflugsziel sehr beliebt. Ansichtskarte von 1913.

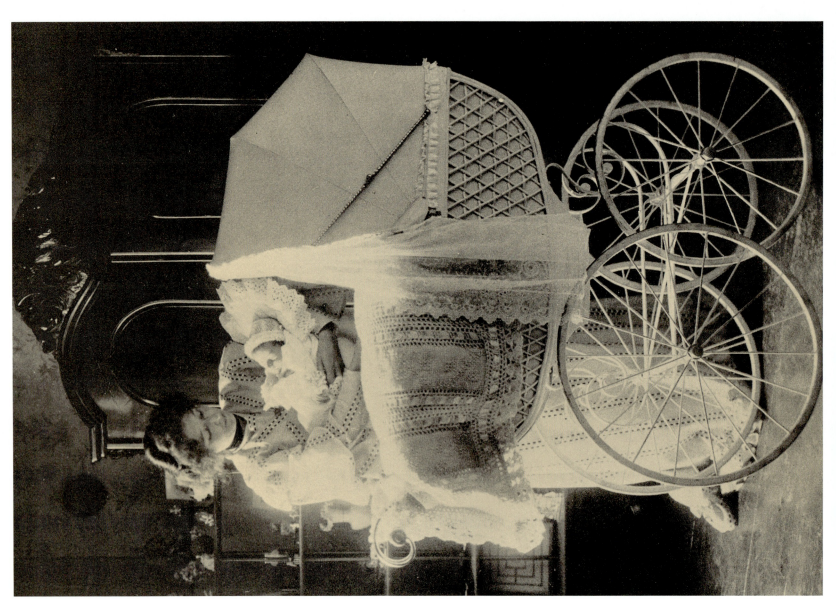

Der Kinderwagen einer Bürgerfamilie um 1914.

Lithographische Ansichtskarte von Linz mit Radfahrertandem um 1898.

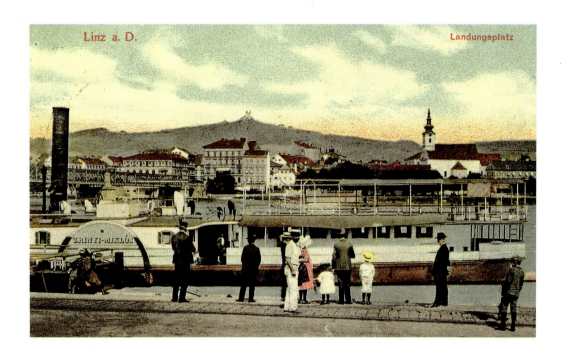

*Der Landungsplatz („die Schiffstation")
mit dem Dampfer „Zrinyi-Miklós".
Ansichtskarte von 1909.*

*Hier befand sich,
hinter der Absperrung gelegen,
der Fischmarkt von Linz.
Ansichtskarte von 1898.*

Georg Hagenbucher, „Linzer Dampfsäge", Kistenfabrik und Holzgroßhandlung, **Linz a. D.**

Die „Linzer Dampfsäge" und Zimmerei an der unteren Donaulände (Hafenstraße 22), die von „Löwenfeld & Hoffmann" im 19. Jahrhundert gegründet wurde.

Später übernahm Georg Hagenbucher das Sägewerk samt Nebenbetrieben und nannte es „Linzer Dampfsäge-Kistenfabrik und Holzgroßhandlung Linz an der Donau".

Ansichtskarte von 1922.

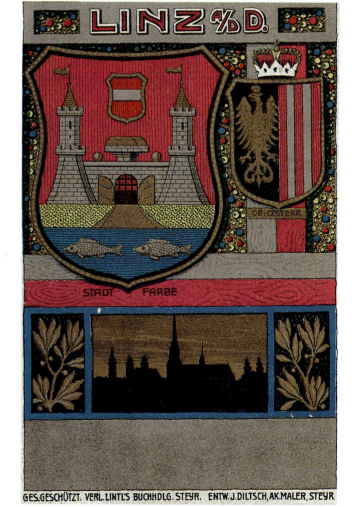

Nach einem Entwurf des akademischen Malers Diltsch aus Steyr wurde diese Lithographie hergestellt. Sie kostete 5 Heller.

*Die Sozialdemokratische Partei hatte sich nach den ersten Wahlen 1897 das Zugeständnis einer Buchdruckereikonzession für jedes Kronland ausgedungen. In der ehemaligen Druckerei Kolndorffer wurde das Parteiorgan „Wahrheit" gedruckt.
Ansichtskarte von 1917.*

*Wegen politischen und wirtschaftlichen Problemen anfangs des 19. Jahrhunderts wurde der teure Bohnenkaffee teilweise von kaffeeartigen Mitteln ersetzt. Der „Ersatzkaffee" wurde als gesundes Nahrungsmittel im Kampf gegen Alkohol ganz bewußt eingesetzt. 1868 wurde in Linz die Feigenkaffeefabrik von Adolf Tietze ein bedeutender Wirtschaftsfaktor. Sieben Jahre nach dem Tod seines Sohnes Julius (1917) ging das Unternehmen in den Besitz des damals größten „Ersatzkaffee"-Produzenten auf Linzer Boden, der Firma Franck, über.
Auf der Ansichtskarte zu sehen ist die Tietze-Fabrik.*

Der Graben von der Dametzstraße aus gesehen um 1912. Rechts sieht man noch einen Teil des Gasthauses „Zur Goldenen Birne", Graben 16.

Der „Linzer Prater" (Strasserau) um 1905. Siehe auch „Strasserau" auf Seite 104.

Die Domgasse mit dem Postamt im Hintergrund. Vorne sind einige Briefträger in Positur. Ansichtskarte von 1912.

Die Landstraße mit Blick auf den Taubenmarkt.

Landstraße 7 (Taubenmarkt) war die Adresse Georg Puchmayr's, des führenden Geschäftes für Koch- und Nutzgeschirre („Magazin für Haus und Küche"). Zu sehen eine Geschäfts-Lithographie (Rückseite für Rechnungen oder Mitteilungen) aus der Pressvereins-Druckerei Urfahr.

Der Gasthof „Zum Schwarzen Bären" in der Herrenstraße. Ansichtskarte von 1906.

Lithographische Grußkarte vom „Tanz-Institut Josef Mayr", Pfarrgasse 9.

Das „Varieté Theater Linz" (Roithner) in der Walterstrasse. 1901 brach hier ein Brand aus (siehe auch „Feuerwehrabbildung" auf Seite 49). Durch das Aufreißen des Blechdaches konnte die Doppelbühne gerettet und das Theater vor größeren Schäden bewahrt werden.

Lithographische Ansichtskarte von 1897.

Vor dem Abstieg in die Stadt durch die Bockgasse traf man auf das Restaurant „Zum Alpenhof".

Eine lithographische Ansichtskarte von 1903, anläßlich des „Linzer Volksfestes" vom 6.-13. September und der „Oberöst. Landesausstellung vom 6.-20. September 1903".

Vom 4.-19. September 1909 fand in Linz die „Österreichische Ausstellung für Luftschiffahrt" statt. Erzherzog Karl Franz Josef hatte das Protektorat übernommen. Es gab auch „Ballonfahrten".

Diese lithographische Ansichtskarte von 1898 kam beim Becker-Verlag heraus und zeigt eine beliebte Betätigung der Linzer im Winter: Eislaufen.

Der Ort Zizlau wurde durch den Bau der Industrieanlagen ebenso zerstört wie St. Peter. Er war ein beliebter Ausflugsort der Linzer. Auch als Salz-Umschlagsplatz des Salzkammergutsalzes) und Pferdeeisenbahnlinienort hatte er Bedeutung. Am Wochenende war Zizlau ein sehr beliebter Ausflugsort.

Der Ort St. Peter, einstmals wichtiger Übergang über die Donau. 1915 erfolgte die Eingemeindung in das Stadtgebiet von Linz. Wurde in der NS-Zeit den großen Rüstungsindustrieanlagen („Hermann Göring-Werke"/VOEST) geopfert. Lithographische Ansichtskarte von 1898.

Kleinmünchen, war ein Ort, in dem sich die Industrie ansiedelte. Eine Baumwollspinnerei, eine Tuchfabrik, eine Teppichweberei, eine Teigwarenfabrik, eine Zündholzfabrik und anderes mehr entstanden hier. Auch sechs Mühlen gab es. 1923 wurde Kleinmünchen nach Linz eingemeindet.

Der Gasthof des Karl Weber am „Inneren Platz" in Kleinmünchen um 1924.

„Matthias Ecker's Gasthaus und Handlung"
mit eigener Stallung in Kleinmünchen um 1915.

Die „Sanitätsabteilung-Kleinmünchen"
auf einer Ansichtskarte von 1918.

Gruss aus Schörgenhub bei Kleinmünchen (Ober-Oestr.)

Rädlers Fabrik

Noch in die Zeit des Vormärz fallen erste Ansätze einer Industrialisierung und betrafen vor allem die Textilindustrie. An der Wende vom 18. zum 19. Jahrhundert vollzog sich in Oberösterreich der Übergang von der Schafwoll- und Leinenerzeugung auf die Baumwollverarbeitung. Für diese neue Textilindustrie und die dafür notwendige Antriebskraft für Wasserräder und für Turbinen zum Betrieb der Maschinen waren die Nebenarme der Traun mit ihrer ausreichenden Wasserführung geradezu ideal.

Kaiser Franz Joseph I. besuchte den „K.u.K. Priv. Landes-Hauptschießstand-Restauration" in Kleinmünchen anläßlich seines Linz-Besuches 1899. Die Restauration war immer ein sehr beliebtes Ausflugsgasthaus.

Das gewaltige Hochwasser von 1899 überschwemmte auch Kleinmünchen. Ansichtskarte von 1899.

Das Hochwasser von 1899 in Kleinmünchen. Ansichtskarte von 1899.

Ebelsberg um etwa 1906 mit der Straßenbahnhaltestelle Kleinmünchen-Ebelsberg. Ebelsberg wurde im 13. Jahrhundert schon Markt und von einem Schloß überragt. Die Linzer Tramway hatte seit 1902 hier eine Endstation.
Bis 1928 führte über die Traun eine Holzbrücke. Erst 1938 wurde Ebelsberg eingemeindet.

Das Gasthaus „Zum Grünen Baum" in Ebelsberg hatte Einstellplätze für drei Pferde. Ansichtskarte um 1910.

Der Besitzer des „Gasthauses zum Grünen Feld" und „Vertreter aller landwirtschaftlichen Maschinen" samt Gästen, Fuhrwerk und Automobil, um 1905.

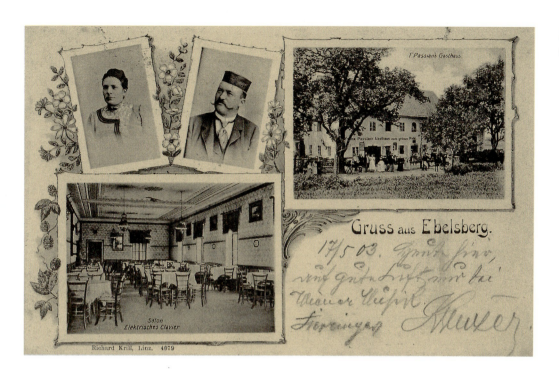

*Franz Passian's Gasthof „Zum Grünen Feld"
in Ebelsberg um 1903.*

*Das „Milchmariandl" war ein beliebtes
Ausflugsgasthaus auf dem Freinberg. Unter
anderem gab es Kaffee mit Schlag und Guglhupf.*

Der „Linzer Prater" (Strasserau) um 1902.
Die „Strasseninsel" entstand durch das Hochwasser des Jahres 1572. Ursprünglich zur Unterbringung des Militärs verwendet, wurde sie in der zweiten Hälfte des 19. Jahrhunderts ein Festgelände („Linzer Prater" - Besitzer im 19. Jahrhundert: Anton Strasser).
Hier wurde auch die „Städtische Schwimm- und Badeanstalt" errichtet. 1901 erfolgte die Zuschüttung. Heute ist hier das Gelände des Parkbades.

Das Gasthaus „Franz Mayrhofer" in St. Peter um 1912.

Marie Meiser's „Tabak- und Zuckerlwaren"-Geschäft brachte 1928 diese Ansichtskarte von St. Peter-Zizlau heraus.

Ein sehr geschätztes Ausflugswirtshaus war das Gasthaus „Zur Lustenau" von J. Zacherl am Ende der Franckstraße (Linz-Lustenau). Ansichtskarte von 1909.

Eine Lieferung der Firma Ignaz Mayrbäurl aus der Humboldtstraße 46 mit ihrem Fuhrwerk, für das Gasthaus „Zur Lustenau".

1. Urfahr in „uralter Zeit"

Funde aus dem Neolithikum und der Bronzezeit in der Ortschaft Harbach und Gründberg bestätigen eine frühe Besiedelung. Die Wallanlage am Gründberg wird in die Spät-La-Tène- Zeit datiert. Im Auftrag des letzten Bürgermeisters von Urfahr - Dr. Heinrich Hinsenkamp - brachte Anton Ziegler 1920, also ein Jahr nach der Eingemeindung die „Geschichte der Stadt Urfahr" heraus. Das Fehlen brauchbarer Literatur über Urfahr führte zur Suche in verstreuten Herrschaftsarchiven. Es mußte die Zeit vorher in mühsamen Nachforschungen rekonstruiert werden. Bis heute hat sich an dieser Situation nichts geändert und Zieglers Buch bleibt, „das Nachschlagewerk" über die Geschichte Urfahrs bis 1920. Und schon sind wir im Mittelalter. Steg (=stoigoi) und Treffling (=trebiti) sollen slawischen Ursprungs sein. Im benachbarten Puchenau ist für das Jahr 827 eine slawische Besiedelung nachgewiesen. Die Besiedelung durch die Germanen liegt im Dunkeln, ebenso ihre gesellschaftlichen Strukturen. Für das 11. und 12. Jahrhundert vermutet man das Bistum Passau als Herrscher über dieses Gebiet. Das Geschlecht der Haunsperger, das die Herrschaft Wildberg besaß, ist ebenso vertreten wie die gleichfalls passauische Herrschaft Steyregg. Das Kloster St. Florian hob von den Gütern zu Mayrstorf und Harbach um das Jahr 1100 Zehente ein. Die ältesten Höfe dürften der „Mayr zu Harbach" (ursprünglich Freisitz), der „Mayr zu Mayrstorf" („Stammgut von Urfahr≈Riesenedergut"), der „Heilmayr zu Heilham" und der „Blindeneder" (später Teistlergut) gewesen sein. Wie vieles andere liegt auch der Anfang der namensgebenden Siedlung Urfahr (=Überfuhr) im Unklaren. Urfahr war Schnittpunkt der Fernhandelswege von und nach Norden. Viele Händler und andere Reisende, die Linz zustrebten und bei Anbruch der Dunkelheit das Donauufer erreichten, waren wohl gezwungen, den nächsten Morgen abzuwarten, ehe sie den Fluß übersetzen konnten. Diesem Umstand sowie der Überfuhr verdankt Urfahr wohl sein Entstehen. Als sich die Siedlung stark ausbreitete und die Bewohner anfingen - wider allen Rechts - einen regelmäßigen Handel zu betreiben und diverse Handwerke auszuüben, wurde Urfahr wirtschaftlicher Konkurrent von Linz. Aus dem „Linzer Mautbuch von 1380" ging hervor, daß den Urfahrern verboten war, fremdes Getreide über Nacht im Haus aufzubewahren, Handel mit Wein, Salz, Getreide oder Holz zu treiben, Menschen zu beherbergen oder Vieh und Wagen einzustellen, feste Häuser oder Keller zu bauen und von den Linzern Salz zu kaufen. Um diese Zeit war Linz bereits ein blühendes Handelszentrum, dessen Märkte in ganz Mitteleuropa bekannt gewesen sind. Die Linzer erwirkten 100 Jahre später wieder ein strenges Verbot von Kaiser Friedrich III. Die Urfahrer wurden aber gestützt von ihren adeligen Herrschaften, davon nicht wirklich getroffen. Schwerere Auswirkungen hatte jedoch der Bau der ersten Donaubrücke im Jahre 1497 und der damit verbundene Verlust des Überfuhrrechtes. Größere Streitigkeiten gab es mit den Linzern auch noch wegen der Fischereirechte auf der Donau. Es eskalierte soweit, das der Vogt von Urfahr sogar einige Linzer Bürger und Fischer einsperren ließ. Im 16. Jahrhundert wehrten sich die Linzer vehement dagegen, daß die Urfahrer, den Mühlviertler Marktfahrern (die Lebensmittel auf den Linzer Wochenmarkt bringen sollten), ihre gesamte Ware abkauften, um sie selber weiter zu verkaufen. Die Auseinandersetzungen zogen sich bis ins 18. Jahrhundert. Manche wohlhabende Linzer Bürger kauften sich ganze Bauerngüter in Urfahr und hoben Abgaben ein. So besaß die Familie der Kammerer schon im 14. Jahrhundert das „Gut zu Mayrstorf" und das „Hagengut". Im Erbwege gingen sie an die Familie der Pechrer (erster Linzer Bürgermeister: Anton Pechrer). Es gab also auch Verflechtungen, nicht nur Konkurrenz und Streitigkeiten. Neben den Querelen mit Linz hatte Urfahr vor allem durch Kriegsereignisse zu leiden und wurde mehrmals Schauplatz (und Operationsfeld) österreichischer, aber auch europäischer Geschichte. 1626 hatten - während des Bauernkrieges - die Belagerer von Linz beim Hagen ein Lager aufgeschlagen. Graf Herberstorff gab nach der Niederlage der Bauern Urfahr zu Plünderung frei. 52 Hausbesitzer wurden eingekerkert und zur Schanzarbeit in Wien (gegen die angreifenden Türken) verurteilt. Ganz besonders fürchterlich für Urfahr waren aber die Überfälle der Franzosen in den Jahren 1800, 1805 und 1809. Besetzung, Generalplünderung und Zerstörung von 80 Häusern (über 1 Million Gulden Schaden!) waren schwere Schläge für die junge Marktgemeinde. Urfahr war - im Gegensatz zu Linz - immer unbefestigt und jedem Angreifer schutzlos ausgeliefert. Die 1835 errichteten „Maximilianischen Befestigungstürme" („Pulvertürme"), von denen heute noch einige stehen und zum Teil bewohnt sind und das „Fort" am Pöstlingberg, in dessen Mauern sich heute noch die Bergstation der Pöstligbergbahn und die Grottenbahn befinden, kamen viel zu spät.

2. Die Stadtentwicklung

Um 1808 wurde Urfahr zum „Markt" erhoben. Vorher war die Zersplitterung in mehrere Herrschaftsgebiete (Steyregg, Wildberg, die Wallseer, Freyling, Schallenberger/Luftenberg, Ebelsberg, Haunsperger usw.) immer ein großes Hindernis. Erst die Neugliederung (Verwaltungsreform) in „Kommissariats- oder Ortsgemeinden" mit gleichzeitigen Ortsrichtern und Gemeindevorstehern brachte die Weiterentwicklung. Das erste feststellbare Schulhaus befand sich an der Ottensheimer Straße (Maximilianstraße). Urfahr hatte drei wichtige Handelsstraßen. Die Freistädterstraße (führte früher durch die Kirchengasse nach Heilham) - eine wichtige Straße in das Mühlviertel und nach Böhmen („äußere Pflasterstraße"). Die Leonfeldnerstraße (uralte „Saumstraß"-"Landstraße nach Böhmen") ebenso eine wichtige Straße in das Mühlviertel und nach Böhmen. Die Ottensheimerstraße (Maximilianstraße) als Zweig des gleichfalls uralten Königsweges (via regia), wurde schon 1713 bis 1715 als Fahrstraße ausgebaut und 1845 wurde die „neue Ottensheimerstraße" - heute Rudolfstraße, verbreitet und verbaut. Auf dieser Straße kamen zahlreiche Fuhrwerke, darunter über 50 „Wochenboten" aus dem Mühlviertel und aus Böhmen. Die Donau wurde stark von Schiffen und Flößen befahren. Rosenauer und Luftenegger waren die letzten Vertreter der ältesten Urfahrer Gilde, der Schiffsmeister. Am 1. August 1832 wurde der Bahnhof Urfahr der Pferdeeisenbahn (älteste Schienenbahn Österreichs, drittälteste Europas) für den allgemeinen Verkehr geöffnet (ehemaliger Standort: Hauptstraße 24), die Bahn führte bis Budweis. Die Pläne für die Pferdeeisenbahn lieferten die Wiener Techniker Gerstner Vater und Sohn (Gerstnerstraße). Die umfangreichen Pferdestallungen und Magazine, sowie das Direktions- und Kassagebäude reichten über den „Kaiserplatz" (heute Hinsenkampplatz) und bis in die Gerstner- und Ferihumerstraße. Die Bahn führte durch die Gstöttnerhofstraße gegen Bachl und erreichte in weitem Bogen St. Magdalena. 1871 verkehrte die letzten Wagen. In St. Magdalena sind auch heute noch Überreste der Pferdeeisenbahn zu sehen. Lange Zeit stand auch noch das ehemalige Kassa- und Verwaltungsgebäude - später „Fritschners Kaufhaus" (siehe Ansichtskarte auf Seite 170). Im Oktober 1888 wurde der Urfahrer Bahnhof der „Mühlkreisbahn" an der Kaarstraße eröffnet.

Neue Impulse gab dann die Zweite Donaubrücke („Eisenbahnbrücke"). 1897 bis 1899 gebaut, wurde sie 1900 fertiggestellt und eröffnet. Damit war der Anschluß an das Staatsbahnnetz gegeben. Die „Pferdestraßenbahn" wurde in Urfahr nur bis zum Kaiserplatz (heute Hinsenkampplatz) gebaut. Erst 1895 wurde sie bis zum Mühlkreisbahnhof verlängert. Am 1. Juli 1880 verkehrte der erste, am 5. Juli 1897 der letzte Pferdestraßenbahnwagen. 1897 wurde die Tramway auf elektrischen Betrieb umgestellt und am Ende der Kaarstraße eine neue Remise erbaut. 1896 bis 1898 wurde die Kanalisierung durchgeführt. Der Bau der zentralen Wasserversorgung erfolgte von 1901 bis 1902. Das Gas bezog Urfahr von der Linzer Gasanstalt. Das städtische Armenversorgungshaus wurde nach bescheidenen Anfängen 1890, am Anfang der Leonfeldnerstraße (Freistädterstraße-Kreuzungsbereich im Vorort „Pflaster") errichtet und 1904 erweitert. Ein Krankenhaus wurde öfters geplant, aber nie gebaut. Das Postamt 1 wurde in Urfahr 1863 gebaut, die Telegraphenstelle 1883 und die Telefonstelle 1898. Schon 1806 hatten die sogenannten „Journal-Postfahrten" (für Briefe und Pakete) begonnen. Sie führten über Freistadt nach Budweis. Die „Postauto" verkehrten nach Leonfelden seit 1910, nach Gallneukirchen seit 1912 und nach Freistadt ab 1919. In den Jahren 1897 und 1898 wurde die Pöstlingbergbahn als eine der steilsten Adhäsionsbahnen der Welt gebaut. Der Ingenieur Josef Urbanski war der geistige Urheber und wurde auch zum Teil noch bei der Planung beteiligt. Das Bau-Konsortium wurde von der Fa. Ritschl & Co. der „Union-Elektrizitäts-Gesellschaft" (Berlin) und der Landesbank gebildet. Die ersten freien Gemeindewahlen gab es 1848 in Urfahr und der liberal gesinnte Handschuhmachermeister Karl Wischer wurde erster Gemeindevorstand und Marktrichter. In der darauffolgenden absolutistischen Zeit wurden die unter Eindruck der Revolution gewährten Freiheiten (bürgerliche Rechte) nach und nach wieder außer Kraft gesetzt. Der Hauptsprecher für die bürgerlichen Rechte war der Gastwirt Bauernfeind. Er errichtete die „Bierhalle Bauernfeind" (später „Poschacher Bierhalle"), die den Namen „Verbrüderungshalle" bekam. 140 Urfahrer und Linzer Freiheitskämpfer schifften sich am 16. Oktober 1848 nach Wien ein und nahmen an den heftigen Straßenkämpfen teil. Ihr Hauptmann Mathias Nißl und einige andere starben den „Heldentod".

Nach der Markterhebung besonders aber nach 1848, war der Aufstieg Urfahrs eine stetige Entwicklung. Die Einwohnerzahl stieg ständig. Waren es 1809 noch 2381 Einwohner (im Ort), so waren es 1869 schon 5046 und im Jahr 1879 gar 6994 Einwohner. Eine kleingewerbliche Struktur bildete sich heraus. 1853 errichteten die Urfahraner ein eigenes Rathaus mit Bezirksgericht und Steueramt. Der erste Weltkrieg (1914-1918) hinterließ auch in Urfahr seine negativen Spuren. Alle Schulen wurden mit Militär belegt. Die „Weberschule" (Webergasse) und das Petrinum wurden zu Militärspitälern umgestaltet, in der „Poschacher Bierhalle" wurde eine Sanitätsdivision einquartiert. Auch im Schloß Hagen und den größeren Gasthäusern und Bauernhöfen war Militär einquartiert, 1915 wurde bei der Spiritusfabrik Kirchmeir ein größeres Militär-Barackenlager (siehe Ansichtskarte auf Seite 173) eingerichtet. Als Übungsplatz für die Truppen wurden die Gründe beim „Schableder" gepachtet. 1915 bekamen die Urfahrer dann die Notstandsmaßnahmen zu spüren. Eier, Brot, Fett, Zucker, Kartoffeln, Wurst, Kaffee, Milch, Wäsche, Kohlen, Seife und anderes wurden beschränkt und nur mehr in Rationen ausgegeben. Urfahr hatte viele Kriegstote zu beklagen und im Soldatenfriedhof des Petrinum-Militärspitals liegen 532 tote Soldaten aus verschiedenen Ländern. Urfahr wurde nach Kriegsende von den Plünderungen und Gewalttätigkeiten verschont - die „Urfahrer Volkswehr" trat als Schutz- und Ordnungskraft besonders hervor. 1918 war die Gemeinde Pöstlingberg an einer Vereinigung mit Urfahr interessiert. So bekamen auch die Vereinigungspläne mit Linz wieder neuen Schwung. Im Juni 1919 war es soweit, Urfahr (und Pöstlingberg) wurde ein Teil von Linz. Die Eingemeindungsfeier fand im „Hotel Pöstlingberg" statt.

2.a *Zur Bau- und Straßengeschichte*

Es kann natürlich nur auf einige wichtige Teile eingegangen werden. Die ältere bauliche Entwicklung Urfahrs fand entlang des Donauufers und landeinwärts (z.B. die „Urfahrgasse" - seit 1874 Hauptstraße) statt. Hier gibt es die ältesten Ortsbezeichnungen - „AM GRIESS" (am Uferland) - die lange Häuserzeile an der oberen Donaulände Urfahrs, einschließlich des oberen Tales der „Maximilianstraße" (= Ottensheimerstraße). „OBERES ORT" war wahrscheinlich der „Steinmetzplatz" und „AM FLECK" oder „UNTERES ORT" der „Marktplatz" (= „Platzl"). Der „SÜNPÜHEL", die Böschung beim uralten Schiffsmeisterhaus (seit 1512) an der Maximilianstraße 24 (Ottensheimerstraße 24). Der Lederer Eidlhuber hatte hier lange Zeit seinen Betrieb (seit 1836). Am Anfang der „Maximilianstraße" hieß es „AN DER STIEGN". Die Rosenstraße hieß „ZÖSSER- oder ZÖLZERGASSE" (vom Weber Zölzer). Der „GRABEN" heißt heute „Im Tal" und Talgasse. Die „URFAHRGASSE" (seit 1874 Hauptstraße) wird seit 1586 erwähnt. Einen Hauptteil der „Urfahrgasse" (= Hauptstraße) nahmen die langen Höfe, Scheunen, und Stallungen des „Ochsen-, Achleitner- und Bärenwirtshauses" ein. Das erste Haus an der „ÄUSSEREN HAUPSTRASSE" war das „Mauthaus" (später Gasthaus „Zur Stadt Salzburg") an der Ecke Hauptstraße-Jägerstraße, 1806 erbaut. Die Häuser „AM PFLASTER", das bei der Schmiedegasse-Rosenauerstraße begann und bis Harbach reichte, waren bedeutend älter. Die damalige Ortschaft „Pflaster" hatte ihren Namen nach dem alten „Pflasterhäusl" - vermutlich das Rosenauer-Geschäftshaus. Ein gepflastertes Straßenstück (es gab sonst viele sumpfige Stellen), war wohl Namensgeber. Das „Hochhausergut" ist seit 1479 beurkundet (später wurde hier die Spiritus- und Presshefefabrik Kirchmeir gebaut). Das „Blindenedergut", schon 1477 beurkundet (später „Teistlergut") bekam im 19. Jhdt. eine Ziegelei. Heute heißt das Gebiet „Karlhof". Der Name kommt von der Familie Karl, die das Gut von 1814-1817 besaß bzw. ausbaute. In der Ziegelei arbeiteten oft italienische Gastarbeiter, die die Ziegel „schlugen". In HARBACH ist das „Mayrgut" als alter Edelmannssitz bereits im Jahre 1392 beurkundet. 1581 wird Wolf Mayr zu Harbach als Steyregger Untertan genannt. Auch das „Gut zum Prunn" des Veit Prunnbauer zu Harbach sei genannt - schon 1454 hatten die Starhemberger die „Vogtei". Die Siedlungsortschaft „UNTER DEN FELBEN" („Unterfelbern") läßt sich ebenfalls seit dem 17. Jhdt. nachweisen (Dieses Gebiet: ungefähr von der Kirchengasse/Ferihumerstraße bis zur „Eisenbahnbrücke"). Am AUBERG war der alte „Parzhof" die älteste Siedlung (seit 1586 „Freisitz Auerberg", 1458 erstmals beurkundet). Viele Jahre später zog hier die Fa. „Niederdöckl-Mühlenbau-Anstalt" ein (siehe Abbildung auf Seite 164). Vom Hagen wird das Schloß schon bei der Abbildung auf Seite 166 behandelt. Die „Neue Ottensheimerstraße" (seit 1875 Rudolfstraße) wurde seit 1850 hauptsächlich von Baumeister Zolney ausgebaut. Der Bereich der Kaar- und Stadlbauerstraße war noch bis ca. 1850 ganz freies Ackerland. Im Jahre 1848 wurde hier noch ein großes Schlittenrennen abgehalten. Erst nach Eröffnung des Mühlkreisbahnhofes (1888) wurden diese Straßen angelegt und von Alleen verschönert. Der „Neue Marktplatz" wurde zum „Rudolfplatz" (heute Bernaschekplatz) - benannt. Die „Neue Pragerstraße" wurde zur „Blütenstraße", das alte „Zössergäßl" (seit 1857 „Rosenwirtgasse") wurde zur Rosenstraße; die „Kreuzwirtgasse" wurde zur Kreuzstraße; die „Lange Feldstraße" nach der neu errichteten Eisengießerei „Gußhausgasse" genannt. Die „Schmiedegasse" wurde 1894 eröffnet und nach der seit 1807 bestehenden Schmiede benannt. Aus der „Turnergasse" wurde 1907 die Jahnstraße und aus der „Äußeren Pflasterstraße" die Freistädterstraße. In der Kirchengasse (früher „Weg zu den Felbern" - nach „Unterfelbern") wurde von der bedeutenden Schiffsmeisterfamilie Rosenauer, ein „Schiffsmeisterstadl" errichtet. Später wird hier (1858) das Doppelhaus Nr. 2 und 4 erbaut, das auch heute noch besteht.

3. Die wirtschaftliche Entwicklung Urfahrs

Eine wirtschaftliche Privilegierung erfolgte erst 1817 mit der Verleihung des Jahrmarktprivileg. Kaiser Franz I. verlieh dem Markt Urfahr am 20. März 1817 (vor 178 Jahren) das Privileg, jährlich zweimal einen zweitägigen Markt abhalten zu dürfen. Nicht nur die Jahrmärkte sondern auch Wochenmärkte, so der 1825 gegründete Körnermarkt am Samstag, ein Fleischmarkt, ein Schlachtmarkt, ein Nutzviehmarkt und ein Spanferkelmarkt brachten wirtschaftlichen Fortschritt. Um 1910 begann der Volksfestcharakter des Urfahrmarktes zu wachsen. Bierhütten, Buden und viele Belustigungsstätten kamen dazu. Fischerei und Schiffsmeisterei (überwiegend Überfuhr und Gütertransport) waren im 15. Jahrhundert noch stark prägend. Urfahr hatte auch einige Brauereien. Die älteste „Brauerei am Hagen" ist schon 1587 beurkundet. Ebenso gab es die Brauereien „Kaplanhof", die „herrschaftliche Brauerei am Auberg" und die „Brauerei Auhof". So brachten die Pöstlingberger Wallfahrer seit der Mitte des 18. Jahrhunderts die „Brauerei am Auberg" aus der Verlustzone (die Starhemberger hatten ihre Brauereien Hagen und Auhof als Monopole behauptet - die Urfahrer Wirte durften nur dieses Bier beziehen). Zwei Wirte am Pöstlingberg wurden dann die ersten festen Kunden der Auberg-Brauerei. Als Ausflugsort wurde der angeschlossene Biergarten („Braukeller") bei Linzern und Urfahrern sehr beliebt. Als 1809 die Franzosen den Auberg besetzten, plünderten sie auch das Brauhaus und demolierten das Sudhaus völlig. Die Zerstörungen waren so arg und der wirtschaftliche Rückschlag so groß, daß es nur mehr als „Meierei" (Bauernhof-Milchwirtschaft) weitergeführt werden konnte. Neben „Kram- und Brotladen", „Bandlern" (Bändermachern), „Wurzenkramern" (Drogisten), „Grießlern" (Mehlhändlern), Seifensiedern, vielen Gastwirten, Fleischhauern, Bäckern Schustern, Faßl-Bindern, Schmieden, Lederern und Färbern gab es auch wohlhabende Salzhändler. Das ehemalige „Salzamt" stand in der Hauptladestätte für den Salzhandel (1694) ins Mühlviertel und in das salzarme Böhmen. Meist wurde Halleiner (also erzbischöfliches) Salz verfrachtet. Der letzte Salzhändler von Urfahr („Salz-Versilberer") Voigt baute sich zwei Häuser in der Kirchengasse. Durch den Bau der Pferdeeisenbahn wurde Urfahr als Salzumschlagplatz bedeutungslos (es wurde von Gmunden bis Böhmen direkt transportiert). Die Ziegeleien durften als einzige „Großbetriebe" ungehindert nach Linz liefern. 1594 gab es am Hagen bereits den Betrieb einer Ziegelei. Die Jesuiten erzeugten im 17. Jahrhundert Ziegel und bekamen 1690 Konkurrenz von der Ziegelei Auberg. Diesen herrschaftlichen „Ziegelstadel" übernahm samt „Ziegelschlagrecht" 1817 Josef Rieseneder. Die Riedl-, Leisenhof- und Teistlerziegeleien wurden im 19. Jahrhundert begonnen. Weitere Gewerbe waren: Büchsenmacher (Gewehre, Pistolen), ein Pulverer (Munition), Schlosser, Stukkateure, Goldschmiede, Graveure („Petschierstecher"), ein „Ölschlager" (Leinölpresser), ein Gürtler, ein Bildhauer, Hafner, Seiler, Schneider, Maurer, Zimmermeister, Zeugmacher, Fuhrwerker und Branntweinbrenner. Anfangs 1900 waren schon 766 Gewerbe angemeldet, darunter 74 Lebensmittelhandlungen, 46 Wirte, 22 Bäcker, 22 Fleischer und noch immer 2 Weber. Bis Juni 1919 (letzer Monat vor der Eingemeindung nach Linz) waren 1162 Gewerbescheine ausgegeben worden, die sich etwa auf 900 Betriebe verteilten. Darunter auch 5 Kaffeehäuser und seit 1912 auch ein Kino. Als Fabriksbetriebe gab es: 6 Ziegeleien und die „Spiritus- und Preßhefefabrik" (gegründet 1850 von Fink und seit 1874 im Besitze der Fa. Kirchmeir). Ebenso die größere „Maschinenfabrik Lange" („Klier und Lange" 1870 gegründet an der Kaarstraße) und eine Eisengießerei, in der danach benannten Gußhausgasse. Die „Mühlenbauanstalt Niederdöckl sen." im ehemaligen Sudhaus des früheren Brauhauses Auberg. Eine Marmeladefabrik und die „Seifensiederei Estermann". Die „Ringbrotwerke" wurden 1917 von den zwei Urfahrer Bäckermeistern Neuhauser und Obermayr eröffnet. Diese Fabrik versorgte mit einer Tagesleistung von bis zu 11.000 Laib Brot einen Großteil von Urfahr und Linz.

Die Hauptstraße (vor 1874 „Urfahrgasse") wurde seit 1586 erwähnt. Viele große Gasthöfe dominierten das Straßenbild. Die Gasthöfe verfügten alle über große Stallungen. 1879 wurde die Pferdestraßenbahn von Linz nach Urfahr gebaut. Mit dem Bau der eisernen Donaubrücke 1872 wurde die Hauptstraße zur führenden Geschäftsstraße Urfahrs.

Der Anfang der Hauptstraße: Links sieht man noch Teile einer Aufschrift auf der Hausfassade („Caféhaus"). Es handelt sich um das „Café Restaurant Schabetsberger". Ansichtskarte von 1903.

Die Hauptstraße (vor 1874 „Urfahrgasse") wurde seit 1586 erwähnt. Viele große Gasthöfe dominierten das Straßenbild.

1903 besucht Kaiser Franz Joseph Urfahr und wurde am Beginn der Hauptstraße festlich empfangen. Links die Restauration "Pfeifer".

Der Uhrmacher Anton Graf hatte sein Geschäft (Uhren, Juwelen, Gold und Silber) in der Hauptstraße (links vorne das Geschäft - davor steht ein Wachmann bzw. Polizist). Ansichtskarte von 1906.

Der Geschäftsnachfolger von A. Graf, Herr Fuchs, ließ sich mit seinem Personal vor dem Geschäft fotografieren.

*Die Hauptstraße um 1906: Links Karl Höckmann's „Katzen- und Pferdedeckengeschäft".
Rechts sieht man noch einen Teil des Gasthauses „Zum Goldenen Ochsen".*

Der Hof vom Gasthaus „Zum Goldenen Ochsen", ein Botengasthof mit großem Hof für die Fuhrwerke. Ansichtskarte von 1902.

Die „Metallwaren- und Kohlenhandlung" Braunschmid, Hauptstraße 23 und 31. Ansichtskarte um 1907.

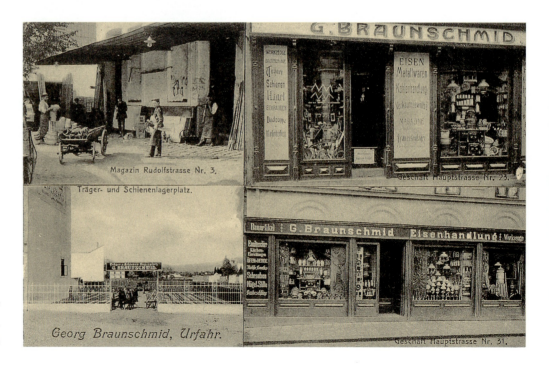

Der Marktplatz, das „Platzl" war das wirtschaftliche Zentrum Urfahrs. Er war Ausgangspunkt der Postfahrten nach Freistadt und Budweis und zugleich Brückenkopf. Der Großmarkt für Lebensmittel fand hier statt. Von 1817-1861 fanden hier auch Jahrmärkte statt.
Ansichtskarte um 1907.

Der Marktplatz („Platzl") um 1907 - rechts im Bild das große Geschäftshaus des Carl Eberstaller „Spezerei- Kolonial- und Material-Waren". Anschließend der kleine Laden mit den Gießkannen der Spenglerei Zintenhof.

Die Hauptstraße: Links das „Café Kaiserhof", später „Café Landgraf". Ansichtskarte von 1903.

„Das Phänomen des ... Kaffeehauses kann aus unterschiedlichen Perspektiven eingefangen werden: Als architektonische Szene, als Bühne für Intellektuelle, als gastronomisches Erlebnis mit einer ausgesprochenen Trinkkultur oder als Spielplatz für gesellige Unterhaltung. All diesen gehobenen Unterhaltungsformen wie Schach, Billard und Kartenspiel, das hier der Unterhaltung und Geselligkeit halber, nicht aus Geldgier betrieben wird, ist ein Zug zur Arbeit eigen, zur angestrengten Leistung inmitten genauer und geduldiger Konkurrenz.

... Ein zukünftiger Ober fängt in einem Kaffeehaus streng hierarchisch als Pikkolo an. Er bringt die Zeitungen, ein frisches Glas Wasser und nimmt den Gästen die Garderobe ab. Nach ein paar Jahren wird er Kellner, genauer „Zuträger" genannt und bekommt schließlich ein eigenes Revier im Kaffeehaus zugeteilt.

In dem legendären Sketch „Schale Nußgold oder Die Kellnerprüfung" von Rudolf Weys stellt der Prüfer die Abschlußfrage: „Ruft der Gast ‚Zahlen!' und es hört's, sag ma, der Pikkolo. Was ist dann, Schurl?" ...

... Darauf Schurl: „Hört's der Pikkolo, kümmert er sich net drum. Kümmert er sich aber drum, sagt er's dem ersten Zuträger und der sagt's dem zweiten. Wann der Gast Glück hat, geht das jetzt so weiter bis zum Marqueur, der was bekanntlich der Ober is." Auf die Frage was geschehe, wenn der Kunde wieder „Zahlen!" rufe, kommt die Antwort: „Dann derf der Ober nie sofort hingehen. Sofort hingehen is absolut unfein. Das schauert ja aus, als ob ma in St. Pölten ausg'lernt hätt' und net beim „Sacher". Besser Fliegen fangen oder jede andere Arbeit, nur net hingehen!".
(Aus „Kaffeehaus-Album 1860-1930"
von H. Seemann, C. Lunzer und D. M. Schmid)

Die Ansichtskarte von 1904 zeigt das „Café Kaiserhof" (später „Landgraf").

1899 und 1909 baute Michael Achleitner an seinem Hotel bzw. Restauration. Der „Achleitner" war der führende Beherbergungsbetrieb Urfahrs und hier fanden auch in den Parterresälen Ballveranstaltungen, Festtafeln, Konzerte und Versammlungen statt.

Der Gastgarten der Restauration „Achleitner" 1904.

Die Säle und die Fremdenzimmer des „Hotel Achleitner" 1913.

Eine Demonstration der „Zentral-Organisation der Hotel,- Gast- und Kaffeehaus- Angestellten. Ortsgruppe Linz-Urfahr". Fotographische Ansichtskarte von 1930.

Auf der Ansichtskarte von 1911 sieht man den Anfang der Rudolfstraße und rechts den Gasthof „Zur Stadt Budweis".

Die Bäckerei Rath an der Hauptstrasse 28 in Urfahr. 1890 übersiedelte der Bäckermeister Michael Rath (1856-1938) mit seiner Frau Elisabeth, geb. Molterer (1861-1916) und den Kindern von Hofkirchen bei St. Florian (nahe Linz), nach Urfahr und pachtete die Bäckerei. Die fotografische Ansichtskarte zeigt die Rath-Großmutter Elisabeth Rath um etwa 1897. Später kaufte Michael Rath das Haus und seit 1987 ist die vierte Rath-Generation unter Michael Rath (geb. 1957) und seiner Frau Ingrid, sowie Ihren zwei Söhnen Thomas und Armin, im gleichen Haus als Bäckermeister tätig.

Das „Café Reklame". An der „Biegung" - sogenannt weil die Straßenbahnschienen eine scharfe Krümmung machen. 1909 wurde dieses dreistöckige Haus gebaut und 1914 übernahm es Romana Koller. Nun bekam auch das Café den Namen Koller.
Obere Ansichtskarte von 1911.
Untere Ansichtskarte von 1914.

"Beim Eingang erblickt man zuerst die Sitzkassierin (die heute durch eine Registrierkasse ersetzt ist): "Am Buffet, aber zwischen den silbernen Aufsätzen mit den Zuckertassen und Rumflascherln waltet reich an Reiz, der nie veraltet mit wogendem Busen, mit Brillanten in den Ohren und mit einem hohen blonden Schopf frischer Haare 'die Gnädige'" (Otto Friedländer). Unbestrittener Hauptdarsteller aber ist der Ober (Abkürzung für "Oberkellner"), den Stammgäste stets mit dem Vornamen und einem "Herr" davor anreden. Korrekt mit Smoking bekleidet, früher im Frack, hält er das Kaffeehaus zusammen und führt Regie. Ein perfekter Ober alter Schule kennt die Getränkewünsche und Lieblingszeitungen seiner Gäste, erteilt Auskünfte, vermittelt Rendezvous, befördert Liebesbriefe von Tisch zu Tisch und ist geduldig und, vor allem diskret."
(Aus „Kaffehausalbum 1860-1930" von Helfried Seemann, Christian Lunzer und Daniel M. Schmid)

Gruss vom Café Koller, Urfahr

„Die Biegung" - Richtungsänderung der Straßenbahn von der Hauptstraße in die Kaarstraße um 1910. Im Hintergrund rechts ist der Bahnhof der Mühlkreisbahn zu sehen.

Die Aufnahme der Postautolinie Urfahr-Leonfelden am 16. Mai 1912. Unter den zahlreichen Eisenbahnprojekten um die Jahrhundertwende war der Bau einer Schmalspurbahn von Linz durch den Haselgraben nach Leonfelden und noch weiter nach Böhmen vorgesehen. Vorerst nur als Zwischenlösung war die Aufnahme des Verkehrs mit Autobussen auf dieser Strecke im Jahr 1912 gedacht. Dabei ist es dann geblieben. Stolz wird der Fortschritt gegenüber der einstigen Postkutsche auf diesem Bild präsentiert. Die Eröffnungsfahrt der Postautolinie Urfahr-Leonfelden war am 16. Mai 1912. Viel Urfahrer Gemeindevertreter wie z.B. der Fabrikant Leopold Mostny, der Apotheker Augustin, Eduard Fischill, Franz Schaffer und Dr. Heinrich Hinsenkamp nahmen daran teil.

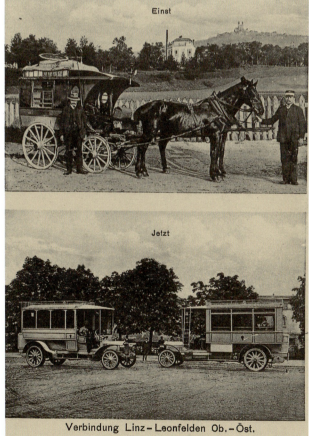

*Ecke Jägerstraße-Stadlbauerstraße.
Aufnahme um 1910.*

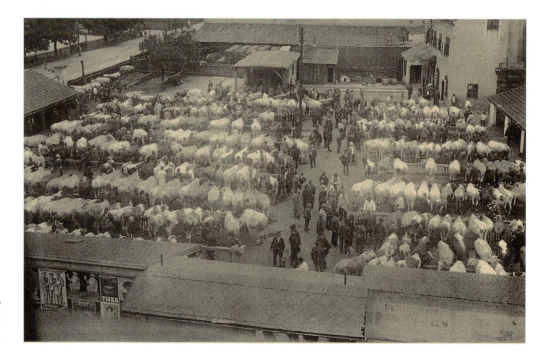

*Der Viehmarkt zwischen Rudolfstraße
und Kaarstraße. Es gab Samstag den
Ferkelmarkt und am Donnerstag den Viehmarkt.*

Eine fotographische Ansichtskarte der „Papier- und Kolonialwaren" - Händlerin Rössler, Ecke Gerstnerstraße-Reindlstraße um 1904.

Die Hauptstraße (und rechts der Anfang der Reindlstraße). Links in dem kleinen Haus war lange Zeit ein Schuster untergebracht - vor ein paar Jahren wurde es abgerissen. Ansichtkarte um 1918.

Ein Produkt der „Wagnerei Ludwig Drobil" (vormals Zirk), an der Jägerstrasse um etwa 1910.

Die Hauptstraße: Links das Gasthaus „Zur Stadt Salzburg", rechts die Blütenstraße Nr. 1. Ansichtskarte von 1907.

1901/02 erhielt Urfahr die Wasserleitung. Die Rohrverlegungsarbeiten in der Hauptstraße erregten großes Interesse bei der Urfahrer Bevölkerung.

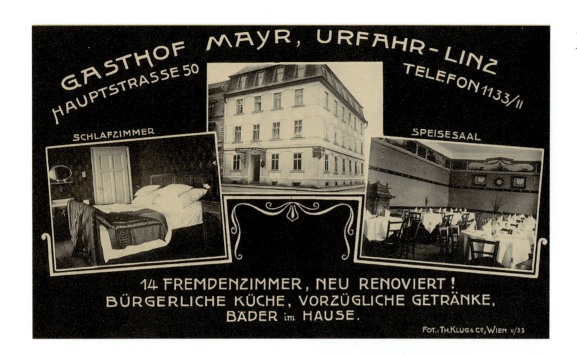

Der „Gasthof Mayr" in der Hauptstraße 50.
Ansichtskarte von 1920.

Die äußere Hauptstraße um 1905.

Zum Festempfang von Kaiser Franz Joseph 1903, wurde auch die äußere Hauptstraße festlich geschmückt (Nahe der Kaiserkrone). In der Mitte des „Triumphbogens" sieht man das „Rosenauer"-Haus.

Der Gasthof „Zur Kaiserkrone". Ansichtkarte von 1907.

*Ein sehr schöner Gasthof in Urfahr war die „Kaiserkrone". Das Gebäude steht heute noch und beherbergte lange Zeit die Bezirkshauptmannschaft und eine Apotheke (die es auch heute noch gibt). Standort: Ende der Hauptstraße-Anfang Freistädterstraße/Anfang der Knabenseminarstraße.
Ansichtskarte um 1900.*

Hier war der seitliche (Gastgarten-) Eingang zum Gasthof „Zur Kaiserkrone". Ansichtskarte von 1907.

Das „Bad Gasthaus Kaiserin Elisabeth" (später Gasthaus „Elisabethbad" genannt), der Wirtsleute Leopold und Anna Haas, an der Freistädterstraße 16. Darauf folgte als Gastwirt ihr Sohn Anton Haas. Der Name stammt von der jungen Kaiserin Elisabeth, den es wurde zur gleichen Zeit eröffnet, als die kaiserliche Braut auf ihrer Schiffsreise nach Wien - in Linz anlegte und feierlich empfangen wurde. Zwei aufeinanderfolgende Gastwirte waren Urfahrer Gemeindeausschußmitglieder. Einer davon begann knapp vor 1900 mit Moorbädern (Wannenbäder) - mit Erfolg. Die benötigte Moorerde kam von Kirchschlag. Später führte Frau Marie Haas das beliebte Wirtshaus und auch das große „Poschacher-Bierzelt" am „Urfahrer Jahrmarkt".

Im Bild, auf einer Fotografie von 1897 (oder etwas früher), die Wirtsleute, Bedienstete und ein Briefträger.

Eine Fotografie des Gasthauses „Bad Gasthaus Kaiserin Elisabethbad" an der Freistädterstraße 16. Eine Aufnahme von 1897 (oder etwas früher), zeigt den Wirt, Gäste und viele Kinder.

Das „Volksfest Urfahr" um 1912. Links das Zelt der Brauerei „Wilhering".

Der Urfahr-Markt (Volksfest Urfahr) auf einer Ansichtskarte des Jahres 1914. Urfahr erhielt 1817 das Privileg zur Abhaltung von zwei Jahrmärkten. Seit 1902 dient das Areal an der Donau als Marktgelände (vorher: 1817-1861 am Marktplatz/Ottensheimerstraße/„Platzl" und auf dem Rudolfsplatz - dem heutigen Bernaschekplatz). Seither wird der Urfahrmarkt traditionell auf diesem Areal an der Donau in Urfahr (zweimal jährlich) abgehalten. Auf dem Bild sieht man links die „Amerikanische Rutsche" und rechts das große Ringelspiel „Gross III".

Der „Ausfuhrwagen" des „Zuckerl-Mayr-Urfahr". Das Geschäft befand sich an der Hauptstraße. Fotographische Ansichtskarte von 1928.

Diese Aufnahme von 1914 zeigt einen Verkaufsstand („Standl") eines Marktfahrers auf dem „Urfahrer Volksfest".

Urfahrmarkt: Die Anfänge des Auto-Drom um 1929.

„Türkischen Honig bekam ich auch, und beim Johann, dem ich so gerne zuhörte, blieben wir lange stehen. Der mußte vor einer Schaubude, in der unter anderem Sehenswürdigkeiten, auch die Dicke Berta" zu bestaunen war, die Leute zum Besuch einladen: „Johann, sag hochverehrtes Publikum."
„Hochverbugeltes Ertikum".
„Aber nein, hochverehrtes Publikum, sollst sagen!"
„Hochverkehrtes Bugeltrum!". Ist ja wieder falsch, Johann!". „Hochverpliktes Kumblipum!"
So ging das unter schallendem Gelächter der Kinder weiter, bis der Chef sagte: „Wenn du schon nicht richtig reden kannst, probiere zu pfeifen, wenn ich beim Sprechen absetze." Natürlich pfiff Johann immer dazwischen und nie zur rechten Zeit."

(„Alt-Urfahr" von Anna Sonnleitner)

Die „Maximilianstraße" (heute Ottensheimerstraße) wurde schon 1713-1715 als Fahrstraße ausgebaut. Auf dieser Straße kamen viele Fuhrwerke, darunter 50 Wochenboten aus dem Mühlviertel.

Der Marktplatz, das „Platzl" war das wirtschaftliche Zentrum Urfahrs. Er war Ausgangspunkt der Postfahrten nach Freistadt und Budweis und zugleich Brückenkopf. Der Großmarkt für Lebensmittel fand hier statt. Von 1817-1861 fanden hier auch Jahrmärkte statt.
Ansichtskarte um 1910.

Der Gasthof „Zum Schwarzen Rössl" in der Ottensheimerstraße 4 (voher Maximilianstraße) um 1917.

In den „Schabetsberger-Sälen" unterhielt H. Demmel ein Tanz-Institut. Ansichtskarte um 1902.

1908 hatte der „Specerei- Kolonial-, Material- und Farbwarenhändler" Georg Pfeiffer (links im Bild) sein Geschäft großzügig umgestaltet. Im großen Haus rechts: Das Backhaus des Franz Obermeyer (die spätere Gründerfamilie der „Ringbrotwerke").

Nachdem Michael Hoffelner aus dem 1. Weltkrieg zurückkehrte fing er mit einem Süßwarenladen in der Maximilianstraße (Ottensheimerstraße) an. Es wurde eine Konditorei daraus und die Familie führte die Konditorei weiter. Noch heute gibt es diese Familienbetriebe in der Haupt- und Linken Brückenstraße.

Die Hoffelner-Konditorei im Jahre 1928. Ottensheimerstraße 15-Ecke Flußgasse.

Der Gasthof „Zum goldenen Kreuz",
an der Maximilianstraße 30.

Der Gasthof „Zum Braunen Rössl"
in der Ottensheimerstraße-Fischergasse
auf einer Ansichtskarte von 1916.

1923 wurden diese Ansichtskarten von der Ottensheimerstraße (Maximilianstraße) als künstlerische Gestaltungen (Holzschnitte) von Max Kislinger ausgeführt.

Grafische-Ansichtskarte (Holzschnitt) von Max Kislinger.

Ottensheimerstraße (Maximilianstraße um 1923)

Der Gasthof „Zum Braunen Rössl", Ottensheimerstraße-Fischergasse. Ansichtskarte von 1920.

Ein Holzschnitt von Max Kislinger, dasselbe Motiv wie im Bild links.

Noch ein Holzschnitt von Max Kislinger (der „Alt-Urfahr"-Serie), dasselbe Motiv wie im Bild rechts.

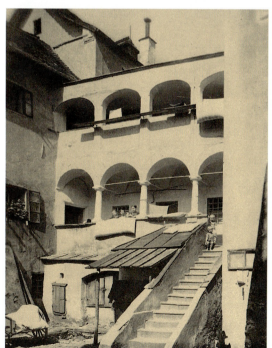

Der Hof des Gasthauses „Zum Braunen Rössl" um 1916, der einem alten Patrizierhaus glich. Leider wurde dieses schöne Alt-Urfahr-Objekt vom neuen „Zentralen Verwaltungsgebäude" (Magistrat) „verschlungen".

Die „Karl-Marx-Straße" (heute Rudolfstraße) um 1920. Rechts wo der Baum steht ist heute der „Grünmarkt".

Die Rudolfstraße um 1906. Links ist die noch heute bestehende Apotheke (Ecke „Rudolfsplatz" - heute Bernaschekplatz) zu sehen.

Auf dem „Kronprinz-Rudolf-Platz" (heute Bernaschekplatz) fanden bis zur Verlegung (1902 an die Donau) die Jahrmärkte in Urfahr statt. Die Parkanlage entstand nach der Verlegung der Jahrmärkte. Das alte Urfahrer Rathaus entstand 1850-1851 und wurde 1911-1913 im Jugendstil umgebaut. Ansichtskarte von 1902.

Der „Rudolfplatz" um 1906.
Hinten Mitte das Rathaus von Urfahr.

Das Boot der Donau-Flottillie „BODROG", ein „Monitor" (Panzerschiffstyp) zu Besuch in Linz. Die Anlegestelle befindet sich im Bereich der „Neuen Brücke" (Eisenbahnbrücke in Urfahr).

Fotographische Ansichtskarte von 1908.

Eine der ältesten Weinstuben von Urfahr: die „Urbanides-Weinstube", an der Rudolfstrasse 11 (das heutige Gasthaus führt den Namen weiter).

Ecke Rudolfstraße-Kreuzstraße gab es 1905 das Gasthaus „Zum Innviertel" mit eigenem Gastgarten.

Die Rudolfstraße um 1905.

Auf einer fotographischen Ansichtskarte sieht man die Rudolfstraße um 1900. Rechts in der Häuserzeile die Bäckerei des Carl Bruckmüller.

Am 17. Oktober 1888 fand die feierliche Eröffnung des Urfahrer Bahnhofes statt. Am 18. Oktober 1900 wurde die Mühlkreisbahn ein staatlicher Betrieb. Von Urfahr bis Aigen (Aigen-Schlägl) erstreckte sich die neue Bahnlinie. Urfahr zeichnete zu den 5 Millionen Baukosten 200.000 Kronen.

Große Gesellschaft vor der Restauration „Zur Stadt Wien" zum Gruppenfoto-Termin.

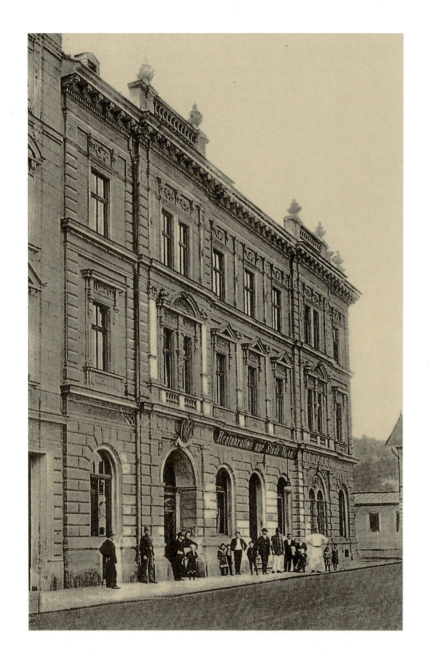

In der Kapellenstraße 12 war der Urfahrer Brunnenmeister Josef Saßhofer Zuhause. Fotographische Ansichtskarte um 1907.

Die Restauration „Zur Stadt Wien" an der Mühlkreisbahnstraße (Ecke Kaarstrasse). Wirtsleute, Personal und Gäste ließen sich vor dem Eingang fotographieren.

Im Bereiche des „Steinmetzplatzl's" war eine Anlegestelle der Schiffsmeister. Mit dieser Zille wurde um 1910 Schnittholz transportiert. Das Schiffsmeistergewerbe war entlang der Maximilianstraße (Ottensheimerstraße) sehr zahlreich vertreten. Auch „Viehplättn" legten in Urfahr an, deren Ladungen zum Viehmarkt oder zu den Fleischhauern der Umgebung gebracht wurde.

Das „Steinmetzplatzl" an der Maximilianstraße (Ottensheimerstraße) um 1907. Rechts am Anfang die Gemischtwarenhandlung Schlager, dann ein Schuster und ein Friseur.

Das Gasthaus „Zum Blumenstöckl" (Schild: „Logics für Fremde"), Ecke Webergasse-Maximilianstraße (Ottensheimersraße). Die Webergasse erinnert an das ehemals zahlreiche Gewerbe Urfahrs. Viele Weber arbeiteten vermutlich in Heimarbeit für die Wollzeugfabrik. Nur wenige Meister waren selbstständige Lieferanten. Bekannte Gewerbler waren Nißl und der Webersohn Karl Fiedler. Urfahr wurde in der zweiten Hälfte des 18. Jahrhunderts als regelrechtes Weberdorf bezeichnet.

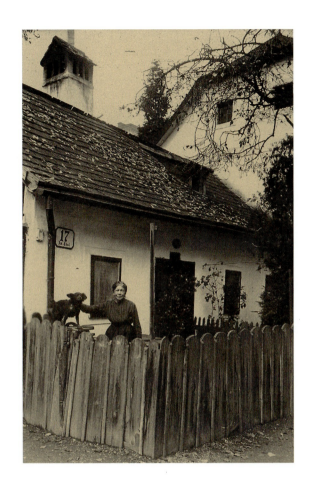

Der Graben (später „Im Thal" und „Thalgasse") reichte ursprünglich bis zum „Mairdorf" (heute Riesenedergut) und war aus dem Rinnsal eines Gießbächleins entstanden, das nach Regengüssen zur Donau abfloß. Der untere Teil des „Nägelgrabens" wurde zur „Thalgasse", den oberen Teil nannte man „Im Thal". Im Bild das Haus „Im Thal 17". 1689 bis 1754 wurde das Haus Nr. 17 als „Wurzengraber- und Kramerhaus" der Familie Mayr bezeichnet. Im Hause 7a („Im Thal") wohnte der „Volkssänger" Hans Resch (Leiter der „D' Mühlviertler, Sänger-Possen-Gesellschaft").

Auch der Pächter des „Strandbades Heilham", auch „Linzer Gänsehäufel" gennant und die Milchhändlerfamilie Peter und Anna Pühringer wohnten „Im Thal". Im „Gwölb" (Vorhaus) wurde die Milch ausgeschenkt. Die Kundschaft kam aus der ganzen Umgebung. Es wurden auch Hauszustellungen gemacht, wobei der Milchwagen von einem Hund gezogen wurde. Die Pühringers hatten den kühlsten Keller der Umgebung und so brachten auch viele Nachbarn ihren Sonntagsbraten zum Einkühlen.

Kurz vor der Jahrhundertwende wurde das „Gasthaus Lindbauer" bei der knapp vorher errichteten Eisenbahnbrücke erbaut. Es hieß Gasthaus „Zur Neuen Brücke" und war lange Zeit das einzige Haus in dieser Gegend. Ansichtskarte von 1908.

Der Bau der „Eisenbahnbrücke" (1897-1900): die Arbeiter der Fa. Gärtner beim Gruppenfoto. Fotografische Ansichtskarte von 1900.

Im Hause 7a „Im Thal" wohnte der „Volkssänger" Hans Resch. Mit seiner „D' Mühlviertler, Sänger-Possen-Gesellschaft" unterhielt er die Urfahreraner und Linzer. Diese Gruppe trat auch oft im Gasthaus „Zum Elisabethbad", an der Freistädterstraße auf.

Die Ansichtskarte stammt aus dem Jahre 1915.

Der „Hinsenkampplatz" um 1908. Damals hieß er „Schulplatz" und ab 1910 „Kaiserplatz". Links im Bild ist noch ein Stück der 1901-1905 erbauten Jahnschule zu sehen. Der Fabriksschlot im Hintergrund gehört zur „1. Oberösterreichischen Spiritus- & Preßhefefabrik" Kirchmeir, deren Reste 1996 abgerissen wurden. Davor sieht man den „Gstöttnerhof". Siehe auch auf Seite 175 den Original-Briefkopf einer Rechnung der Firma „Erste oberösterreichische Spiritus & Preßhefefabrik, Josef Kirchmeir & Sohn, Urfahr-Linz.

Karte um etwa 1908.

Auf dieser Foto-Ansichtkarte von 1906 sind die Bewohner des Hauses Leonfeldnerstraße 15, Nachbarskinder und die „Neuhold's" zu sehen. In unmittelbarer Nachbarschaft befindet sich die sogenannte „Karlhof"-Siedlung. Vormals (1477) „Blindenödergut". Von 1814-1817 in Besitz der Familie Karl, kaufte den Hof 1887 die Familie Teistler und begann eine Ziegelei. In dieser Ziegelei wurden viele italienische Gastarbeiter zum „Ziegelschlagen" eingestellt.

Die Leonfeldnerstraße 1915, die Häuser 15-21. Auf Nr. 15 war der „Huf- und Wagenschmied" J. Altreiter einquartiert. Ebenso das „Gemischt-Waren-Geschäft" von F. Neuhold. Das hinterste Haus war die Bäckerei Hochreiter. Dann sind die Birnbäume der beginnenden ländlichen Landschaft zu sehen.

Die „Hochreiters" vor ihrer Bäckerei („M. Hochreiter's Bäckerei Forstner's Nachfolger"). Auch ihr Wagen zum Ausliefern samt Pferd ist zu sehen. Leonfeldnerstraße 21; etwa um 1919/20.

Die damalige Ortschaft Bachl um 1899 (heute zwischen Karlhof und Harbach/Richtung Pöstlingberg gelegen). Rechts im Bild „Lehner's Gasthaus", oben links das Haus des Schuhmachers Georg Eidenberger.

Die Gastwirtschaft des Max Höller um 1911. Auch heute gibt es hier eine einladende Gastwirtschaft, wobei der große historische Gastgarten noch zur Gänze vorhanden ist. Ebenso gibt es im Winter einen Eisstockplatz auf dem angelegten Teich.

Nun hatte der Schuhmacher Eidenberg ein Haus dazugebaut. Bachl auf einer Ansichtskarte um 1908.

Das Gasthaus „G. u. A. Baumgartner in Gründberg", heute „Gründberghof".

Ansichtskarte von 1908.

G. u. A. Baumgartner's „Gasthaus in Gründberg" auf einer Karte von 1918.

*Eine Abbildung der „Siedlung Seminar" um 1928.
Die obere Hälfte zeigt die Hörschingergutstraße,
die untere die Schwarzstraße.*

*Die Aubergstraße um 1911.
Nummer 5 ist die Adresse des
„Kolonialwarenhändlers" Alfons Gorbach.*

Das Gasthaus „Auberg" um 1898, mit schattigem Gastgarten und eigener Brauerei (seit Mitte des 17. Jahrhunderts). Der Gastgarten befand sich auf der gegenüberliegenden Straßenseite. Viel später übersiedelte auch die Gastwirtschaft auf die Seite des Gastgartens. Das Gebäude wurde leider 1980 abgerissen. Rechts sieht man die Firma „Niederdöckl-Mühlbau-Anstalt" (die spätere Maschinenfabrik „Niederdöckl & Rafetseder").

Die Restauration „Zum Auberg" um 1912. Nun gab es das Gasthofgebäude auch auf der Gastgartenseite.

Die „Maschinenfabrik, Mühlenbauanstalt & Gießerei - Niederdöckl" (und Kompagnion) am Auberg an der Aubergstraße-Parzhofstraße.

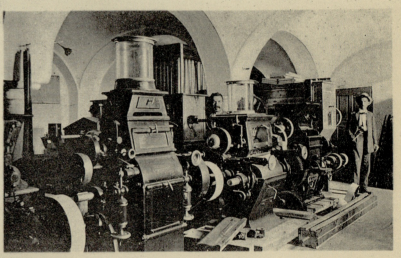

Maschinen-Ausstellung

Tischlerei

Die Abbildungen stammen von einer dreiteiligen Geschäftskarte in Ansichtskartenform, die als Neujahrs-Glückwunschkarte vom Niederdöckl um 1912 verschickt wurde.

1882 ließ der Urfahrer Bürger Josef Feicht den „Riesenhof", zu einer Badeanstalt ausbauen. 1898 erwarb ihn Dr. Fränkel aus Wien und richtete eine Kaltwasserheilanstalt ein. Es war eine sehr beliebte Badeanstalt mit einem Familienbad und war bis 1920 das einzige öffentliche Bad in Urfahr. Auch eine Restauration war angeschlossen. 1925 wurde es an das Land Oberösterreich verkauft und umgebaut in ein Säuglings-, Kleinkinder- und Mütterheim. Heute beherbergt es die Sozialakademie.
Ansichtskarte von 1898.

Die „Wasserheilanstalt" heißt jetzt „Kuranstalt Riesenhof". Es gibt ein Schwimmbad und ein Restaurant in dem jeden Mittwoch abends Konzerte gespielt werden. Karte von 1915.

Das „Schloß Hagen", stand gegenüber der heutigen „Merkursiedelung"- Hagenstraße. Bereits 1419 wurde dieses Schloß erwähnt. 1609 zum Edelmannsitz erhoben und zu einem mächtigen Renaissancebau ausgestaltet. Seit dem 16. Jahrhundert (bis 1907) gehörte zum Schloß auch eine Brauerei. 1748 gelangte es in den Besitz der Starhemberger. Die Stadt Linz versäumte den Kauf sowie die Restaurierung dieses einmaligen Urfahrer Baudenkmals und so erwarb es die Versicherungsgesellschaft Merkur. Obwohl das Gebäude unter Denkmalschutz stand wurde die Abrißgenehmigung erreicht und dieses bedeutende historische Gebäude zerstört.
Ansichtskarte um 1928.

Die „Hagenbierhalle", in der damaligen Ortschaft Hagen, am Fuß des Pöstlingbergs gelegen. Mit Gastgarten und Kegelbahn ausgestattet wurde das Bier der benachbarten Schloßbrauerei ausgeschenkt.

Ansichtskarte von 1903.

Schloß Hagen um 1930.

Karte von „Feizlmayr's Gastgarten am Hagen", etwa um 1913.

Das Landwirtschaftspersonal und die Köchinnen des „Petrinums" auf einer fotografischen Ansichtskarte von 1916.

Auf dieser Ansichtskarte von 1906 sieht man den Anfang der Hauptstraße. Rechts die „Restauration Pfeifer". Links das Haus in dem sich das „Café-Restaurant-Schabetsberger" befand.

Der Gasthof „Zum Goldenen Ochsen". Einer der ältesten und größten Gasthöfe in Urfahr (seit 1620). Prägedruck-Ansichtskarte von 1902.

Der „Kaiserplatz", heute Hinsenkampplatz.
Ansichtskarte um 1916.

Der Gasthof „Zur Stadt Budweis" wurde inzwischen zum Hotel umgewandelt. Der schöne Gasthof war ein beliebter Einkehrgasthof für die Fuhrleute aus dem Mühlviertel. 1915 auch als Hotel ausgewiesen. Der Gasthofname „Zur Stadt Budweis" wurde ab 1832 verwendet (vorher hieß es „Leimisches Wirtshaus"). Man sieht auch ein Stück der Hauptstraße und die Spielwarenhandlung Karl Fritschner.

Ansichtskarte von 1915.

Der Gasthof „Zur Stadt Budweis": Ansichtskarte von 1914.

Der Rudolf-Platz (heute Bernaschekplatz) um 1907. Hinten links das Haus der Fa. Spitz, die hier seit 1857 ihre Firmenzentrale hat. Hinten rechts ist der Anfang der Flußgasse zu sehen.

Die Blütenstraße (Seitenstraße der Hauptstraße) um 1911. Gegenüber dem Gasthaus „Zur Stadt Salzburg" war Ecke Hauptstraße 48-Blütenstraße der Kolonialwarenhändler und Trafikant Peter Karrer. Schräg gegenüber Hauptstraße 50 sieht man den Gasthof „Zum Grünen Baum" - später „Gasthof Mayr".

Das k. u. k. Sappeur Barackenlager des Militärs in „Unterfelbern" gegenüber der „1. Oberösterreichischen Spiritus und Preßhefefabrik Kirchmeir" an der Ferihumerstraße (heute steht hier gegenüber eine Berufsschule bzw. die Wildbergstraße mündet in das Urfahrmarktgelände).

Der ländliche Charaker von Dornach ist auf dieser kolorierten Ansichtskarte von 1924 gut zu sehen.

Die Maximilianstraße um 1909. Rechts vorne mit dem geschlossenen Holzbalkon sieht man den Gasthof „Zum Goldenen Löwen". Ganz hinten in der Mitte das „Handarbeitskaufhaus" Hans Knapp.

Der Marktplatz in Urfahr „Platzl" genannt. Es war das geschäftliche Zentrum Urfahrs. Ansichtskarte von 1914.

Ein Teil einer Rechnung der „1. Oberösterreichischen Spiritus - & Presshefefabrik" von Josef Kirchmeir u. Sohn. Sie wurde bereits 1850 von Fink gegründet und war seit 1874 in Besitz der Familie Josef Kirchmeir. Die Kirchmeir-Fabrikanten zählten zu den wichtigsten Industriellen von Linz. Sie bekamen mehrere Auszeichnungen, so auch den „Preis des Volksfestes Linz". Die Eisenbahn führte direkt in das große Fabriksgelände. Spiritus wurde in Fässern geliefert. Die Reste der Fabriksgebäude wurden 1996 abgerissen.

Eine lithographische Ansichtskarte von 1898 in Bayern mit der Post abgeschickt.

Eine lithographische Ansichtskarte von 1900 zeigt die Ochsenbraterei beim „Poschacher Volksfest". Der „Poschacher"-Gastgarten war sehr groß und hatte ausladende Kastanienbäume. Zum Volksfest brachten die Poschacher Pferdefuhrwerke viele Tische und Bänke herbei.

Blasmusik schallte den ganzen Tag und es wurde gegessen, getrunken, gesungen, getanzt und gelacht. Den Kindern schmeckte das gelbe oder rote „Kracherl" und sie jauchzten, wenn es beim Hineindrücken der Verschlußkugel spritzte und schäumte.

Lithographische Ansichtskarte der „Poschacher Bierhalle" von 1902.

*Hier eine Aufnahme des Urfahr-Marktes von 1910. Der Artist „Fernando Fredini",
ein „Photographisches" (Atelier), Ringelspiele, Schaubuden und vieles andere sorgen für Spaß und Laune.*

Das Schloß Hagen um 1912.

*Rodelbahn am Pöstlingberg.
Ansichtskarte von 1909.*

Der Pöstlingberg, Aussichtspunkt und Wallfahrtsort - ein sehr beliebtes Ausflugsgebiet der Linzer und Urfahraner. 1868 wurde eine der weltweit steilsten Adhäsionsbahnen gebaut. Links oben im Bild das „Gasthaus von J.G. Jaglbauer" - heute „Gasthaus Sturm".

Eine lithographische Ansichtskarte von 1899.

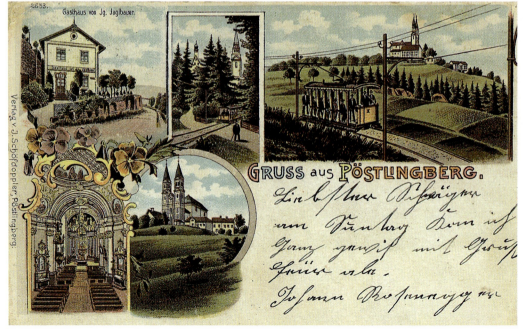

Das Petrinum wurde 1895 zu bauen begonnen. In direkter Nähe des Bauplatzes errichtete man eine Ziegelei (auf der Abbildung sieht man die ausgehobene Lehmgrube) und versorgte sich so mit Baumaterial. Am 2. Oktober 1897 begann der Unterricht mit 330 Schülern in diesem Diözesan-Knabenseminar (Gymnasium).
Während des 1. Weltkrieges diente es als Militär-Reserve-Spital, für die verstorbenen Soldaten wurde der heute noch bestehende Soldatenfriedhof errichtet. Die 60 Joch große Landwirtschaft (das „Leisengut" das „Geboldsberger-Gut" und das „Holzingergütl" wurden erworben) war für die Versorgung der Seminaristen mit Lebensmittel geradezu ideal.

Ansichtskarte von 1914.

Die Ansichtskarte von 1900 zeigt die Station der Pöstlingbergbahn in der Prandtauerstraße.

Pöstlingberg=Bahn, Station Urfahr.

Der Bergbahnhof der Pöstlingbergbahn an einem Ausflugssonntag um 1900.

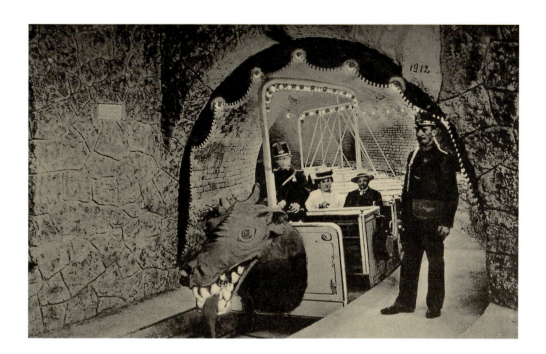

Um 1897 erwarb die „Linzer Elektrizitätsgesellschaft (ESG)" das „Kastell Pöstlingberg" (Maximilianische Befestigungstürme oder auch „Pulvertürme" genannt). 1906 wurde die „Grottenbahn" eröffnet.

Ansichtskarte von 1912.

Damals hieß die „Grottenbahn" noch „Elektrische Turmbahn auf dem Pöstlingberg" und eine Fahrt kostete 20 Heller. 1947-48 wurde die „Grottenbahn" umfassend mit den Märchenfiguren aus Keramik von der Bildhauerin Renate Stolz ausgestattet. Dadurch bekam sie ihr unvergleichliches, großartiges Flair.

Ansichtskarte von 1912.

Wintersport am Pöstlingberg. Die Urfahraner und Linzer gingen gerne rodeln und Ski-fahren auf ihren „Hausberg".

Ansichtskarte von 1908.

Rodelpartie vom Pöstlingberg. Im Hintergrund das Hotel „Pöstlingberg".

Ansichtskarte von 1908.

Eine Ansichtskarte des Hotel-Restaurateurs Josef Kuntner vom „Hotel-Restaurant-Pöstlingberg" von 1910.

Das Gasthaus „Zur Schönen Aussicht" an der Mayrwiese des Pöstlingbergs, war besonders bei den Wintersportbegeisterten (Schifahrern und Rodlern) sehr beliebt. 1974 mußte es einem Wohnhausneubau weichen.

Ansichtskarte von 1913.

Ein Ausflugsziel war auch der „Höglinger", besonders seitdem die Pöstligbergbahn den langen Fußweg erheblich abkürzte.

Ansichtskarte von 1909.

Am 17. Mai 1919 wurde durch einen Blitzschlag der Dachstuhl der Pöslingberg-Kirche eingeäschert. Die Pöstlingberg-Kirche, die blickbeherrschend auf dem 537 Meter hohen Pöstlingberg aufragt, ist eine Wallfahrts-, Hochzeits- und Firmungskirche. Sie steht an jener Stelle, wo 1716 Franz Obermayr von den Kapuzinern in Linz eine vom Linzer Bildhauer Jobst geschnitzte Pieta angebracht hatte, die als Gnadenbild von sich reden machte. Zunächst wurde eine hölzerne Kapelle errichtet und als Fürst Gundacker von Starhemberg von schwerer Krankheit genas, ließ er 1738 bis 1748 eine feste Kirche erbauen, in die die Pieta übertragen wurde. Erst 1891 bekamen die beiden markanten Kirchtürme nach einem Entwurf von Raimund Jeblinger ihre Helme. Im Innenraum sind Rokkoko-Stuckverzierungen in der Art Kaspar Modlers (um 1770) bemerkenswert. Die Kirche wurde mehrfach von Bränden betroffen.

Ansichtskarte von 1919.

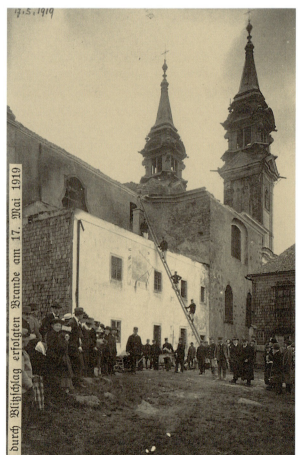

In Heilham gab es das Gasthaus des F. Lutz - den „Tirolerhof", ungefähr gegenüber dem Urnenhain-Friedhof gelegen. Heute befindet sich hier die Stadtautobahn. Der „Tirolerhof" war ein besonderer Anziehungspunkt durch den schattigen Gastgarten, den Blick auf die Straße und der Schaukel für Kinder. Unten im Bild, der von der K.u.K. Armee benutzte „24-er Turm".

Ansichtskarte von 1910.

Die Ansichtskarte von 1900 zeigt den damaligen Ort Heilham. Oben der Maximilianische Befestigungsturm („24-er Turm"). Unten ein Gasthaus.

1919 gab es in Heilham einen „Club der Arbeiter-Radfahrer-Ost" („Ortsgruppe Heilham").

Das „Linzer-Gänse-Häufel" („Strandbad Heilham") um 1928. Der Passagierdampfer „Melk" sorgt für Wellen.

Das „Strandbad Heilham" um 1920, unterhalb der Eisenbahnbrücke an der Donau gelegen wurde als Familienbad geführt. Zu dieser Zeit boten die Flüsse noch gute Wasserqualität und somit auch gute Bademöglichkeiten.

1920 wurde unterhalb der Eisenbahnbrücke das „Strandbad Heilham" als Familienbad (auch „Linzer Gänsehäufel genannt) eröffnet.

Das Gasthaus „Zum Grünen Hain" in Obersteg (-Urfahr) um 1913.

Ein Milchtransport mit vorgespannten Hund um 1910.

Von 1907 stammen diese Aufnahmen des Gasthauses „Johann Höller" und der Gemischtwarenhandlung „Altreiter" in Steg. Bei Umbauarbeiten vor ca. 30 Jahren stellte man fest, daß das Gasthaus früher tiefer lag als jetzt. Die Erklärung: Früher gab es keine Brücke über den Höllmühlbach und das Wirtshaus lag direkt an einer Furt. 1878 kaufte Johann Höller dieses Objekt. 1936 bzw. 1938 pachtete der jetzige Besitzer die Fleischhauerei und das Gasthaus von Maria Höller. Seit 1958 ist Johann Robl Besitzer dieser Gaststätte.

Der Gastgarten Höller's in Steg um 1928.

Der „Gemischtwarenhändler Franz Schmidhuber" in der Freistädterstraße 205.

Ansichtskarte von 1913.

Am 2. Juni 1689 kaufte der Fürst Starhemberg den „Hof in Au" und machte das Schloß zum Familiendomizil. Dem Landgut war ein Brauhaus angeschlossen. Auch ein Gasthaus stand hier. Ansichtskarte von 1915.

Das Gasthaus „Zur Gondelfahrt" war ein sehr beliebtes Ausflugsgasthaus. Gleich neben dem Gastgarten lag ein schöner Teich, an dem es Ruderboote zu mieten gab. Besonders bei Pärchen war die Bootsfahrt sehr beliebt. Auch im Winter ging es lebhaft zu, der zugefrorene Teich war ein Tummelplatz für Eisstockschützen und Schlittschuhläufer. Leider mußte der Teich bzw. das Erholungsgebiet dem Straßenbau weichen (Mühlkreisautobahn). Ansichtskarte von 1914.

Abbildung der „Gondelfahrt", vom Gasthaus „Zum Auerhahn" und von „Grasser's Milchhandlung" um 1903.

„Josef Traumüller's Gasthaus" in Katzbach um 1908.

Das Gasthaus von „Josef Traunmüller" in Katzbach (-Urfahr) um 1898.

Dornach um 1912 (heute im Stadtteil Urfahr). Rechts unten die „Schwarz-Bäckerei" von Johann Enzenhofer.

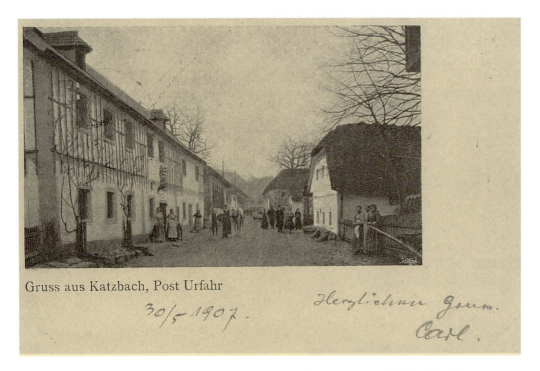

Noch relativ deutlich sieht man die ländliche Struktur Katzbachs. An den Bauernhäusern entlang der Freistädterstraße um 1907 (vorher hieß sie „Äußere Pflasterstraße").

St. Magdalena auf einer Ansichtskarte von 1914. Das kleine, von der Landwirtschaft dominierte St. Magdalena wurde 1886 Gemeinde und 1938 wurde es Linz eingemeindet. Am 21. Juli 1832 war Kaiser Franz I. zur Eröffnung der „Linz-Budweiser Pferdebahn" (Pferdeeisenbahn) in St. Magdalena.

Der „St. Magdalena Sport Klub"
(Fußball) am 8. Juli 1923.

Die „Villa Hannibal" ein Gasthof
in St. Magdalena, auch bekannt
unter dem Namen „Gröpl". Während des
1. Weltkrieges wurde dieses Haus
als militärische Pflegestätte genutzt.

Ansichtskarte von 1918.

Der Ortsteil St. Magdalena um 1900 mit dem schön gelegenen Gasthaus „Zur Linde", auch „Kirchenwirt" genannt. In St. Magdalena waren Wäschereien immer ein wichtiger Wirtschaftszweig.

Das Zeughaus der „Freiwilligen Feuerwehr St. Magdalena" an der Leonfeldnerstraße.

Ansichtskarte von 1918.

Die Ansichtskarte von 1902 zeigt das Gasthaus „Zum Jäger im Thal" des Franz Weismann.

Die „Lederfabrik des Max Mayrhofer" im Haselgraben um 1907. Links unten abgebildet das Arbeiterwohnhaus, rechts unten im Bild der „Trockenschoppen", wo die Lederhäute getrocknet wurden.

Am Anfang des Haselgrabens („in der Hinterbrühl") stand die Restauration „Zur Hinterbrühl". In der Nähe befand sich die Lederfabrik. Ansichtskarte von 1900.

In der Kirchengasse 4 befand sich der Fleischhauer Karl Schröger. Die Kirchengasse hieß früher „Weg zu den Felbern" (nach „Unterfelbern") und danach „Untere Ortsgasse". Später nach der Erbauung des Kapuzinerklosters „Gasse zu den Kapuzinern" und erst seit 1875 „Kirchengasse". In der Kirchengasse war ein „Färberhaus", ein „Weizeneckerbäckerkasten" (Getreidemagazin des „Platzlbäckers"), ein „altes Grießlerhaus" (Mehlhandlung), ein Seiler-, Schiffsmeister-, Ledererhaus und andere markante Häuser.

Fotographische Ansichtskarte von 1916.

Die „Urfahrwänd" an der Donau gelegen, zwischen „Windflach" und Spatzenberg. Die Familien an der „Urfahrwänd" kauften beim Krämer Zandler ein. Es gab auch acht Wäschereien hier und das Gasthaus „Zur Schiffmühle". Es war ein beliebtes Ausflugsziel für alle, welche die Donau liebten. Einst stand hier tatsächlich auf einem Schiff am Ufer gelegen eine Mühle. Karte um etwa 1912.

1915 sind die Auswirkungen des 1. Weltkrieges in allen Betriebszweigen spürbar. Frauen werden in den Dienst der „Elektrizitäts- und Tramwaygesellschaft" gestellt: 11 Wagenführerinnen und 69 Schaffnerinnen.

ERWEITERUNGSTEIL DER NEUAUFLAGE

URFAHR

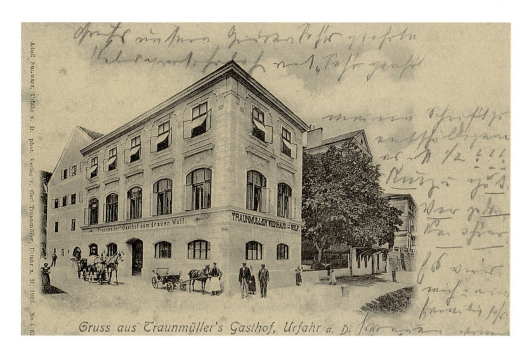

Traunmüller's Gasthof „Zum Grauen Wolf" an der oberen Donaustrasse in Urfahr (stand auf dem abschüssigen Fischergassl, hinunter zur Donau, gleich vom „Platzl"weg).

Das Gasthaus „Diesenleiten" des Karl Wollendorfer im „Diesenleitenthal" um 1910.
Es war ein sehr beliebtes Ausflugsgasthaus.
An der Hauswand hängen Kannen und Schirme.

Der Ortsteil „Obersteg" um 1898.

Der Urfahr-Markt im Jahre 1912.
Unten rechts das Treffen des Gemeinderates
und der Honoratorien vor dem Zelt
der „Linzer-Actienbrauerei".

Die Gemischtwarenhandlung des Johann Schaumberger an der Rosenauerstrasse 2 (nächst der „Kaiserkrone") um 1914.

Ein „Ringelspiel" am Urfahr-Markt, auch „Volksfest Urfahr" genannt. Etwa um 1914.

*Im Gastgarten des Gasthauses „Zum Innviertler"
(siehe auch die Seite 149).
Links im Bild: Jakob Gebesmayr (1860-1941) und
seine Frau Elisabeth (1875-1905) - Wirt und Wirtin
des Gasthofes um etwa 1900.*

*Die „Gemischtwaren-Niederlage L. Kahnhäuser"
an der Mühlkreisbahnstraße 7.
Rechts sind an der Hausfassade Emailgeschirre
und Gugelhupfformen ausgestellt.
Ansichtskarte um 1912.*

Die Hauptstraße um etwa 1929.

Der Gastgarten des Gasthauses „Grasser" in St. Magdalena um etwa 1925 (neben der Kirche an der Pferdeeisenbahnpromenade). Auch Gasthaus „Zur Linde" oder „Kirchenwirt" wurde es genannt. Im Gastgarten stand eine „1000 jährige Linde.

Ecke Damaschkestraße/Wischerstraße befand sich die „Spezerei- u. Kolonial" (Gemischtwarenhandlung) des Julius Burghardt.

Das Gasthaus „Zum Grünen Hain" des J. Rohringer am Auberg 32. Die Ansicht stammt etwa von 1912.

LINZ

Die Kapuzinerstrasse etwa um 1914.

Der Gasthof „Donauthal" an der oberen Donaulände in Linz. Das Haus ist über 350 Jahre alt. Anfangs war es vor allem Herberge für die Donauflößer mit Stallungen für die Pferde). 1830 wurde es renoviert, aufgestockt und als beliebtes Biedermeier-Ausflugslokal weitergeführt. Es war als „Krebsengarten" (Sommergarten des Hotel „Roter Krebs") installiert und wurde etwa um 1870 von der Familie Kirchmayr-Emhof übernommen. Ab 1949 führte es Frau Maria Kirchmayr als Gasthof „Donautal" weiter. Der schöngelegene Gasthof mit Fremdenzimmern ist auch derzeit aktuell.

Harrach- und Bethlehemstrasse etwa um 1917.

Der Blumen-Kiosk der Firma Gamauf am Schillerplatz um 1927.

Das Gasthaus „Zum Weinberg"
an der Adlergasse 14, in der Linzer Altstadt.

Caroline Url's „Modes"-Hutgeschäft und eine k.u.k.
Tabak-Trafik, an der Landstrasse 50.

*J. Hofstätter`s Gasthaus „Habsburger Hof",
an der Schubertstrasse/Ecke Goethestrasse 36.
Ansichtskarte von 1910.*

Die Figulystrasse etwa um 1917.

*Die Volksfeststrasse um 1914.
Im Bild rechts das k.u.k. Postamt.*

*Die Schubertstrasse etwa um 1914.
Links im Bilde: Lederer's
„Maxim"-Weinstube.*

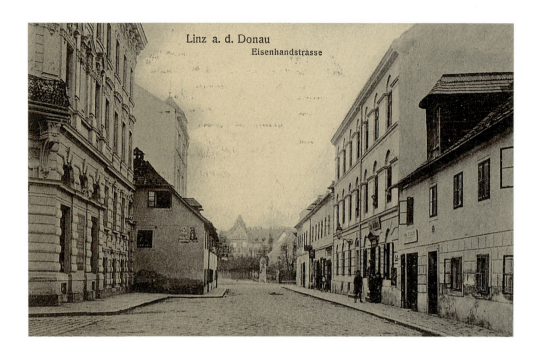

Die Eisenhandstrasse etwa um 1914.

Das Gasthaus des Georg Himmelbauer „Zum Goldenen Ochsen" an der Fabrikstrasse 16. Ansichtskarte von 1914.

Allen Lesern und Bildbetrachtern, die noch interessante Bilder in ihren Familienalben, Privatarchiven oder Sammelschachteln haben und diese (leihweise) zur Verfügung stellen wollen, wäre ich im Hinblick auf eine erweiterte Auflage - für ein eventuelles Zurverfügungstellen - sehr dankbar. Zusendungen/Benachrichtigungen an: Mag. Helmut Beschek, Harruckerstraße 4, A-4040 Linz, Tel.: 0732/73 85 75